인문학으로
콩갈다

콩가루 집안에서 태어난 아이의 19년 인생 여행기

인문학으로 콩갈다

글·그림 박연

북하우스

프롤로그

이 책은 당신이 된장이나 메주를 만드는 데에 콩알만큼의 도움을 주지 못한다. 그러나 표지에 심각한 표정으로 진지하게 콩을 갈고 있는 나는 여러분과 진지한 '콩가루 문화'에 대한 대화를 나누고 싶다. 콩가루 집안에서 태어난 한 아이가 19년 동안 세상을 어떻게 보게 되었는지, 이야기를 하고 싶어 이 책을 쓰게 되었다. 사람들은 보통 '콩가루 집안'이라고 하면 콩가루와 같이 작은 바람에도 뿔뿔이 흩어질 수 있는, 소위 경제적으로나 도덕적으로 타락한 가족을 떠올린다. 하지만 이것은 콩가루 집안을 지극히 부정적으로만 본 시선이다. 콩가루 집안의 바람직하고 긍정적인 면은 분명히 존재한다. 도대체 무슨 말인지 알 수가 없다고? 그럼 이 4차원적인 주장에 대한 부연 설명을 들어보시라.

이 책에는 19년간 ('무려'인지 '고작'인지에 대한 선택은 독자들에게 맡기겠다) 내가 뛰어놀 수 있었던 터전인 가족이라는 작지만 가장 큰 공간에 대한 이야기가 담겨 있다. 자기 일만 추스르기에도 바쁜 세상에 남이 궁금해하지도 않을 우리 가족 얘기를 지껄이는 이유는 가족의 중요성을 말하고 싶기 때문이다. 가족이라는 무형의 공간은 한 인간이 사회로 나가기 전에 마음 놓고 편하게 뛰노는 매우 중요한 마당이다. 이 작은 마당에서 나는 옳은 생각, 가치관, 유머 감각, 대화의 기술, 기본적인 교양과 예술적인 감각, 그리고 인문학적 기초 체력을 갈고 닦았다. 사회생활을 하다보면 사람들은 온갖 시련과 고난, 시행착오를 거치게 될 것이다. 이때 이 난관들을 극복하고 헤쳐 나갈 수 있는 능력은 가족들과 보내는 시간 동안 어떻게 기초 체력을 다져왔는지에 따라 달라지지 않을까. 어떻게 보면 한 사람의 인생에서 행복도를 결정짓는 중요한 요소는 가족의 존재다.

자, 이쯤 되면 가족이 중요하다는 사실은 설명이 됐을 것 같다. 그런데 왜 그냥 가족이 아니라 '콩가루 가족'이어야 한단 말이냐. 여기 독자분들의 이해를 돕기 위한 콩가루 집안의 특성을 매우 잘 표현하는 짧은 문장이 있다. '가족은 친구다.' 나는 가족은 수평한 관계를 가진 친구라고 생각한다. 지난 19년 동안 나는 가족이라는 마당에서 나이 많은 친구 둘과 콩을 키우고 갈며 생활했다. 모두들 믿지 않겠지만 나는 아직까지 엄마 아빠만큼 센스 있고, 똑똑하고, 어이없게 웃기고, 엽기적인 친구를 만나지 못했다. 엄마 아빠가 친구 같은 사이였기에 나는 지금까지 바람직하고 행복한 시간을 보냈다('보냈다'가 완료형은 아니라는 사실을 밝혀둔다).

콩가루 집안이 될 때, 부모와 자식이 서로 친구가 될 때, 가족 사이의 대화는 진솔하고 대담해진다. 부모님은 눈높이를 낮춰 자식과 다양한 주제로 이야기를 나눌 수 있다. 자식은 부모님의 눈치를 보지 않고 자유로운 삶을 즐길 수 있다. 거짓말도 필요 없고 쓸데없이 잔머리를 굴릴 필요도 없다. 나는 이 책에 과감하게 우리 가족의 사적인 생활, 나의 교육을 둘러싼 대화, 부모님과 함께 나누었던 인문학을 비롯한 다양한 교양 지식에 대한 대화 등을 담았다. 이를테면 콩가루 분말의 디테일을 하나하나 다 보여주었달까. 어찌 보면 사소한 에피소드의 나열일지도 모르지만 이런 작은 가루들 하나하나가 '가족은 친구'라는 명제를 잘 드러낸다고 생각한다.

마지막으로 나에게 소망이 있다면, 대한민국의 모든 가족들이 콩가루 집안이 되었으면 좋겠다. 자유롭고 평등한 소통이 이루어지는 가족이 많아지면 우리나라도 좀더 즐거운 곳이 될 수 있지 않을까?

일러두기
이 책의 제목은 감히 아빠의 책 『인문학으로 광고하다』를 패러디했다. 아빠가 인문학을 바탕으로 본질을 꿰뚫는 정직한 광고를 선보였다면, 나는 이런 아빠의 영향으로 인문학적인 교양과 올바른 가치관을 교육받으며, 이를 바탕으로 열심히 나만의 콩을 갈아, 우리 집이 콩가루 집안이 되는 것에 일조했기 때문이다.

차례

프롤로그 _4

1부 연이네 '콩가루 집안'을 소개합니다

루이 14세에 버금가는 우리 엄마의 권력 _12
아빠는 영원한 제3계급 _20
내 이름은 '그렇다고', 뭐라고? '그렇다고' _26
찰떡궁합? 영원한 앙숙? _29
아빠와 나의 소통법, 궁금하지 않겠지만 우선 한번 들어보세요 _40
나를 키운 것의 8할은 부모님의 이기심 _44
해가 지면 떠오르는 우리 집만의 특별한 19금 야간 문화 _47
해가 뜨면 같이 떠오르는 우리 집만의 특별한 아침 문화 _51
🦘 **아빠와의 대화** "아빠, 정말 제3계급이어도 괜찮아?" _60

2부 공부만 하다 죽을 수는 없잖아

한곳을 향해서만 달려가는 대한민국이라는 이름의 마차 _68
학원도 일종의 감옥 _77
특목고에 가야만 특별해지나? _81
사람은 기계가 아니잖아 _85
남 욕 실컷 해댄 나는 어떻게 공부하냐고? 나에게도 과거는 있다 _90
내 생각엔 연이가 곧 죽을 것 같아 I think Yeon's gonna die soon _97
힘들 때 나에게 건네는 한 마디, 카르페 디엠 _104
공부의 설움은 역시 가족애로 토닥토닥 _113
쟤는 동양인이니까 그래! Because she is Asian _122
인생은 마라톤, 서두르지 말자 _128
🦘 **아빠와의 대화** "아빠, 요즘 공부하기가 너무 힘들어" _130

3부 생활은 여행처럼 여행은 생활처럼

세상을 느낄 줄 아는 감수성 한 조각 _138
내 마음을 두드렸던 음악들 _143
감각, 행복한 삶을 요리하는 소중한 재료 _149
그림, 세상을 보는 다른 창 _157
독일 여행 편견을 깨주는 여행 _168
미국 여행 항상 좋은 이미지만 가질 수는 없지 _174
나의 적극적인 제안으로 간 칸 광고제와 파리 _184
프랑스 여행 같은 나라지만 너무 달라 _190
우리 가족만의 특별한 여행법 _196
　아빠와의 대화 "아빠, 창의적인 사람은 어떤 사람이야?" _210

4부 무한한 낙관주의가 행복의 지름길

아빠가 알려준 인생의 세 가지 법칙 _216
우리 집 가훈은 '자신있게' _228
나의 권리는 언제나 소중한 것 _235
콩가루 가족의 열린 마음 _244
꼭 힘들어야만 봉사활동인가? _249
아마도 삶은 순간들의 합이겠지 _256
내 미래는 알 수 없는 딜레마 _261
　아빠와의 대화 "아빠, 미래는 어떻게 준비해야 해?" _264

에필로그 _268

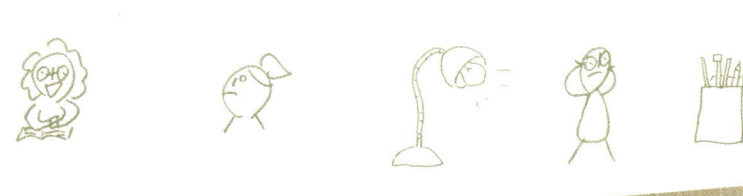

1부

연이네
'콩가루 집안'을 소개합니다

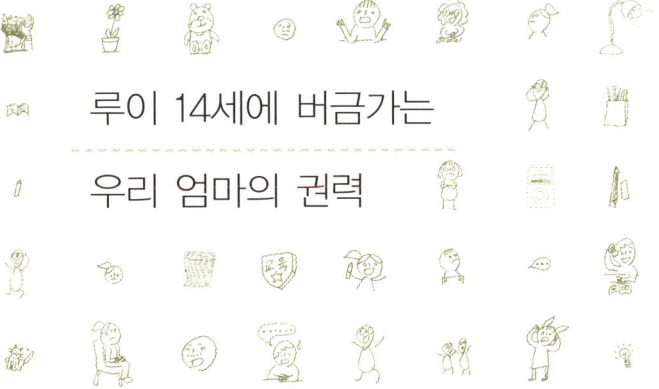

루이 14세에 버금가는
우리 엄마의 권력

  보통, 집에 애들이 두 명 이상 있게 되면 의견 일치를 보기가 어려운 것 같다. 가족 구성원의 수가 많아질수록 여러 가지 의견이 생길 수밖에 없고, 그 와중에 모든 사람들의 합의를 끌어내기란 쉽지 않기 때문이다. 그렇다면 우리 집처럼 세 명이 사는 집은 어떨까? 과연 모든 합의가 쉽게 이루어지고 모두가 평등한 관계를 누리며 평화롭게 지낼까? 우리 집을 보면 꼭 그렇지만은 않은 것 같다.

  인류의 역사를 보면 언제나 우등한 자와 열등한 자가 존재했고 신분에 따른 계급이 있었다. 가장 잘 알려진 프랑스대혁명이 일어나기 직전의 프랑스를 한번 살펴보자. 16세기 프랑스는 절대주의가 확립된 이래 만들어진 구제도(앙시앙 레짐)에 의해 신분이 철저하게 나누어져 있었다. 구제도를 바탕으로 성직자와 귀족 신분인 제1, 2신분은 면세의 특권을 누리고 프랑스 영토의 대부분을 차지했다. 다음 그림을 보자.

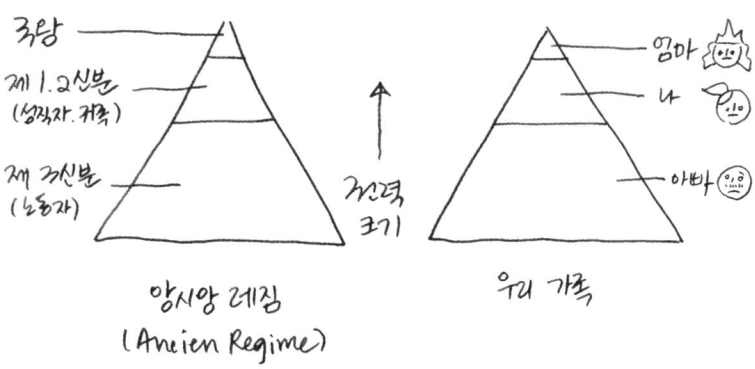

여기에서 왼쪽 삼각형의 높이는 권력을 나타내고 각각의 삼각형 혹은 사다리꼴의 넓이는 그 시대에 각 층을 이루는 사람들의 숫자를 퍼센트로 나타낸다고 하자. 프랑스 앙시앙 레짐에서는 제1신분과 제2신분이 전체 인구의 2%를 차지하고 나머지 98%를 제3신분이 이루고 있었다. 우리 가족의 권력구조도 매우 흡사하게 삼각형 모양으로 나타낼 수 있다. 다만 각 부분이 가지는 의미는 조금씩 다르다. 우리 가족의 계급을 나타내는 삼각형에서 높이는 권력의 크기를 나타내고, 각 도형의 넓이는 계급에 따른 노동력을 나타낸다. 이 두 삼각형 구조의 차이점을 한 가지 거론해보자면 프랑스의 앙시앙 레짐은 혁명으로 인해 점차적으로 붕괴되었지만 우리 가족의 권력구조는 그깟 혁명 따위로 인해 붕괴될 수 없는 구조라는 점이다.

우리 집에서 독재적으로 권력을 쥐고 있는 자는 바로 엄마다. 루이 14세가 굳건히 믿었던 것처럼 우리 엄마의 권력은 왕권신수설의 이론에 따라 신이 부여한 권력이므로 전혀 의심하거나 넘볼 수 있는 것이 아니다. 이를 하나의 문장으로 표현해본다면, '엄마는 곧 집이다.'

질문의 여지가 없는 절대주의 권력. 아빠와 내가 가끔 엄마에게 절대적인 직위를 하사한 신의 정체성을 의심할 때면 엄마는 우리의 입을 다물게 만들 만큼 강한 눈빛을 건넨다. 아빠와 나는 '서래마을 베르사유 궁전'의 룰에 묵묵히 수긍하며 살아간다. 하지만 생각보다 행복하게 살고 있으니 독자들은 많은 걱정을 할 필요는 없을 듯하다. 심지어 어떤 사람들은 이 베르사유 궁전을 매우 부러운 눈빛으로 바라보기도 한다.

2008년 여름, 프랑스 칸에서 열리는 국제광고제에 아빠를 따라갔을 때의 일이다. 그곳에서 아빠의 회사 친구들과 광고 분야에서 일하시는 분들을 많이 만나볼 수 있었다. 그때 만났던 아빠의 친구 분 중 한 분이 어느 날 오후, 해변을 함께 걸으며 나에게 꽤나 진지하게 말씀하신 적이 있다. "연아, 너는 나중에 결혼할 때 꼭 상대방 부모님을 잘 보고 결혼을 해야 돼. 시어머니 파워가 시아버지보다 훨씬 센 집이 잖아? 그럼 된 거야. 근데 시아버지가 보수적이고 집안의 권력을 가지고 계신 시댁이라면 결혼을 안 하는 게 좋아. 그렇게 되면 그런 걸 보고 자란 아들이 비록 옳고 그른 것을 아는 사람이라고 해도 어떤 순간이 되면 자기도 모르게 자기 아버지랑 똑같은 행동을 할 수밖에 없게 되거든. 보수적이고 권위적일 수 있다는 거지. 아! 만약에 나한테 딸이 있는데, 걔가 너희 같은 집에서 자란 아들이랑 결혼한다고 하면 나는 바로 오케이했을 거야." 그 아줌마는 우리 엄마를 한 번도 만나보지 않았지만, 직감적으로 엄마에게 권력이 집중된 우리 집 권력구조를 파악하고 부러워하셨다.

엄마의 파워가 단적으로 드러나는 상황은 모든 인간에게 가장 원초적인 문제에 직면했을 때이다. 바로 우리가 뭘 먹어야 할지 결정할 때. 어느 집이나 마찬가지겠지만, 우리 가족에게 주말 저녁에 무엇을 먹을지를 결정하는 것은 매우 중요한 일이다. (심지어는 일주일 전부터 계획표를 세워놓기도 한다.) 셋은 머리를 맞대고 목록을 적기 시작한다. 여기서 엄마는 한 가지 '제안'을 한다.

"그럼, 우리 행복하게 바지락 칼국수 먹으러 갈까(╱) 아니면 삼계탕 먹으러 갈까(╲)"

여기서 엄마 목소리 톤의 변화와 강조되는 억양을 집중해서 듣는 것이 관건이다. 18년쯤 엄마와 생활해보며 데이터가 쌓인 나는 귀납적으로 이런 결론을 추론해낸다.

 연's 해석

'내가 좋아하는 바지락 칼국수 집에 가서 웃으며 행복하게 먹을래? 아니면 내가 그다지 좋아하지 않는 삼계탕 먹으러 가자고 해서 내 기분 상하게 하고 일주일 동안 집에서 내가 화나 있는 모습 보면서 눈치 보면서 불행하게 살래? 결정해.'

결국 따져보면 이것은 애초부터 '제안'이 아니었던 것이다. 우리 집안에서 살아남기 위해서는 독재자의 이 정도 함축적인 메시지는 빠릿빠릿하게 통역해 민첩하게 행동할 줄 알아야 한다.

내가 중학교 때 가끔 볼 수 있었던 어떤 풍경이 있다. 내가 방에서 한참 시험공부를 하고 있을 때면, 엄마 아빠는 '내 공부를 방해하면 안 되기 때문'이라는 도무지 납득이 되지 않는 이유를 대며, 안방에서 고스톱을 치셨다. 아직까지도 엄마 아빠는 TV에서 나오는 뉴스 아나운서의 목소리가 두 사람이 고스톱 치며 만드는 소음보다 작다는 것을 알지 못하는 것 같다. 그런데 여기 재미있는 게 한 가지 있다. 우리 집에서 엄마와 아빠가 하는 고스톱에만 적용되는, 그 어디서도 볼 수 없는 독특한 게임 규칙이 바로 그것이다.

연이네 고스톱 규칙

① 엄마가 이겨서 돈을 따게 될 경우, 엄마가 딴 돈을 모두 가진다.
② 아빠가 이겨서 돈을 따게 될 경우, 엄마가 딴 돈을 모두 가진다.

위 규칙을 아빠가 얌전히 따르지 않을 경우 일정 기간 동안 집안 분위기가 썰렁해지고 화기애애한 분위기로 고스톱을 치지 못하는 현상이 일어난다. 그렇게 되면 나에게도 간접적인 피해가 온다. 그렇기 때문에 아빠는 항상 두번째 규칙을 지켜왔다. 그럼에도 불구하고 우리 집안의 독재자는 만족스럽지 못했다. 그래서 최근에 앞에서 거론된 규칙에 우선하는 새로운 게임의 법칙이 또 생겼다.

③ 패를 깔아본 후 엄마가 돈 내기를 할지 말지 결정한다.
(구체적으로 부연 설명을 하자면 패를 깔 때 '쌍피'가 나오는 상황에 따라 엄마가 유리하면 내기를 하고 그렇지 않을 경우 내기를 하지 않는다는 뜻이다.)

이는 누가 봐도 '불평등 조약'이다. 나에게 정의감이라는 것이 있다면 나는 당연히 이 불평등 조약에서 아빠의 편을 들어줘야 한다. 하지만 나는 중립적인 입장을 취한다. 내가 아빠 편을 들어주지 않는 이유는 엄마가 돈을 딸 경우 엄마가 딴 돈의 약 10%가 나에게 들어오기 때문이다.

이렇게 아빠와 내가 엄마의 권력을 인정함에도 불구하고, 살다보면 누군가 엄마의 화를 돋우는 일이 발생한다. 아빠나 나의 잘못으로 엄마가 화가 났을 경우, 우리 집은 일상 모드에서 비상 모드로 바뀐다. 모드가 바뀐 것은 우리 집의 권력자가 화가 났음을 표현하면서 전달된다. 그녀의 말수가 줄어들고, 인상을 쓰고 있으며, 결정적으로 안방에 들어 간 후 문을 쾅 닫아버리면 확실히 모드가 바뀐 것이다. 이렇게 되면 아빠랑 나는 평상시보다 더 가깝게 지내며 서로를 위로해주며 눈물을 닦아주는 사이가 된다. 그리고 아빠는 그날 밤부터 양치질을 하고 화장실을 쓰는 경우를 제외하고는 안방 출입이 불가능해진다.

하지만 거절당할 것이라는 것을 알면서도 우리는 조심조심 안방 문을 살짝 열고 "엄마, 밥 안 먹어?"라며 계속해서 이야기를 건넨다. 그러면 십중팔구 "배 안 고파. 둘이 알아서 먹어"라는 대답이 돌아온다. 심지어 이런 상황을 대비해 아빠와 나는 엄마와 먹지 않을 메뉴를 세 가지로 좁혀놓고 있다.

연이와 아빠의 비상 메뉴

 집앞에서 파는 부대찌개
동네에서 가장 싼 회전초밥
우리 아파트 단지 건너편에서 파는 삼계탕

그렇게 엄마에게 외면을 받을 때면 아빠와 나는 항상 불쌍한 분위기를 조성해주는 추리닝 패션으로 (의도적인 것은 아니다) 고개를 숙이고 끼니를 해결하기 위해 터벅터벅 동네를 배회한다. 그런 날 밤이면, 아빠는 거실에 이불을 깔고 바닥에서 잠을 자야만 하는 상황을 맞이한다. (나는 다행히도 내 방 침대가 있기 때문에 괜찮다!)

아빠는 영원한 제3계급

아빠는 우리 집안의 영원한 제3계급, 돌쇠, 일꾼, 신데렐라, 바보다. 집안에 문제가 생겨서 누군가를 비난하게 될 때면 어김없이 모든 손가락이 아빠를 향한다. 물론 때로는 불쌍하기도 하지만 나 역시 살아남기 위해서는 어쩔 수 없다. 그런데 최근에 엄마의 권력이 부쩍 쇠퇴하는 모습이 보이기 시작했다. 엄마의 협박이 이제 스무 살이 되어버린 나에게 통하지 않게 된 것이다. 예전에는 엄마의 말에 반박을 하면 곧바로 그에 맞는 형벌이 내려졌다. 하지만 최근에는 내가 엄마의 말에 반론을 제기하면 엄마는 아무 말도 하지 못하고 입만 삐쭉거리는 일이 잦아졌다. 나는 이 사실을 아빠에게 자랑하며 말했다.

"이제 근대가 다가오고 있다는 징조가 보여. 곧 나의 시대가 열릴 거라고. 그러니까 아빠도 기다려봐. 언젠가 아빠가 세상을 뒤집을 기회가 올 거야. 프롤레타리아들이 주도하는 대혁명의 시대가 올 거라고."

그러자 아빠는 기가 죽은 채로 답했다.

"그럴 것 같지는 않아……."

이처럼 우리 집에서 아빠의 제3신분 계급은 영원하다. 아빠가 심한 독감에 걸려 엄살을 피우며 끙끙 앓지 않는 이상 우리 집 주말 청소와 설거지는 아빠 담당이다. 아빠는 아침을 먹은 후 설거지를 하고 청소기를 돌린다. 엄마가 처음에 청소를 시켰을 때만 해도 깔끔하게 청소를 하지 못해 온갖 구박을 다 받았지만 반복적인 학습의 결과 이제는 청소의 달인이 되었다.

사실 아빠는 바깥에서 굉장히 카리스마 있고 멋있는 사람으로 알려져 있다(고 한다). 항상 인상을 팍팍 쓰며 놀라운 설득력과 유창한 언변으로 바깥세상에서 나름의 평판을 얻고 있는 듯하다. (솔직히 이런 평판의 진위에 대해서는 아직까지 엄마나 나나 의심의 시선을 거두지 못하고 있다.) 아빠의 회사를 잠깐 들러 편집실에 갈 때면 사람들은 입에 침이 마를 정도로 아빠에 대한 경의를 표한다. "연아, 너희 아빠가 얼마나 멋있는 분인지 아니? 일할 때 얼마나 카리스마가 넘치시는지 몰라."

그러면 나는 의심스러운 표정을 지으며 천천히 고개를 끄덕인다. 실제로 집에서는 어떤 사람인지 열심히 설명하려 해봤자 받아들이지 않을 것이라는 사실을 알기 때문이다.

아빠의 이러한 사회적인 평판을 알고 있던 대학생 수학 과외 선생님이 있었다. 선생님의 친구는 광고학과를 다니고 있었는데 그 친구를 통해서 아빠의 '대단함'에 대한 소문을 들은 듯했다. 그런데 어느 일요일 오전, 방에서 수업을 하던 선생님은 열심히 집 구석구석을 다니며 엄마의 명령에 따라 청소를 하는 아빠의 모습을 보게 되었다. 수업 중 과외 선생님은 엄마가 아빠에게 "오빠! 화장실 매트 좀 털어!"라고 하는 말을 듣더니 킥킥 웃으시며 말했다. "연이야, 너희 아빠의 이런 집안 생활을 홈페이지에 올리면 네 홈페이지 분명히 뜬다 떠. 이건 녹화를 하거나 동영상을 찍어야 하는 건데."

아빠는 우리 집에서 신데렐라 역할을 하고 역할에 어울리게 신데렐라 대접을 받는다. 물론 신데렐라를 괴롭히는 계모는 엄마와 내가 맡는다. 어느 토요일 오후, 학교를 마치고 집으로 돌아왔을 때였다. 그날은 아빠가 해외 출장을 갔다가 새벽 비행기로 돌아온 날이었다. 일찍 돌아온 아빠는 피곤했는지 내 침대에 누워 자고 있었다. 집에 도착해 내 방으로 들어오니 침대 위에 떡하니 '놓여 있는' 아빠가 보였다. '어, 아빠 왔네.' 하지만 내 머릿속에는 아빠가 왔다는 사실보다는 씻지 않은, 그리고 수많은 사람들이 이용하는 비행기를 탔던 지저분한 아빠가 내 침대 위에 '얹혀 있다'는 사실이 더 크게 다가왔다. 영

11:03 AM

11:15 AM

11:35 AM

찜찜한 마음에 나는 초조한 발걸음으로 건너편 방에서 빨래를 정리하고 있던 엄마에게 다가갔다. "엄마, 아빠 왜 내 방에서 재워?" 그러자 엄마는 나를 안심시켜주었다. "아, 걱정 마. 씻겼어."

그뿐만이 아니다. 그날 저녁, 우리 가족은 외출 준비를 하고 있었고 아빠는 내 방에서 일어나 엄마가 꺼내놓은 옷을 주섬주섬 입고 있었다. 나는 내가 입을 옷을 다 차려 입은 후 거실로 갔다. 엄마는 화장대 앞에서 한창 화장 중이었고 아빠는 옷을 다 입고 소파에 앉아 책을 읽고 있었다. 그런데 순간 소파에 앉아 있는 아빠의 웃옷이 눈에 거슬렸다. 마음에 들지 않았다. 나는 안방에 있는 엄마를 향해 물어보았다. "엄마! 아빠 저거 입힐 거야?"

이렇게 아빠는 우리 집에서 늘 수동적인 대상이 된다.

우리 집에서 보통의 경우는 엄마가 화를 내고 아빠와 내가 피해자로서 똘똘 뭉쳐 생존을 하는 방향으로 사건들이 터지지만, 그렇지 않은 경우도 있다. 예를 들어 내가 혼나는 일도 있다. 그럴 경우에는 내가 철저히 외톨이가 되고 엄마와 아빠 둘이 똘똘 뭉쳐 나를 공격한다. 혹은, 아빠가 엄마한테 실수를 해서 엄마를 화나게 한 경우에는 엄마와 내가 똘똘 뭉친다. 나는 개인적으로 이 상황들을 좋아하는데 그 이유는 엄마와 둘이 아빠를 왕따시킬 수 있기 때문이다. 엄마랑 저녁때 재미있게 웃으며 텔레비전을 보다가 아빠가 문을 열고 들어오면 엄마는 안방 문을 닫는다(상징적 의미). 그렇게 되면 불쌍한 아빠는 쫓겨난 강아지 모양으로 나에게 몇 마디를 던지고 거실에서 잔다. 이때 엄마는 아빠에게만 화를 내는 것이기 때문에 나는 자유롭게 안방 문을 열고 들어가 엄마와 말을 할 수 있는 '특권'을 누리게 된다. 어쨌든 무슨 일이 생겨서 세 명 사이에 분열이 일어난다 하더라도 꼭 1:2로 갈라져 재미있는 상황이 연출된다. 절대 1:1:1의 분열은 일어나지 않는다. 그런데 신기한 사실이 있다. 이러한 일방적 위계질서 아래 살면서도 우리 가족 구성원 모두가 만족해하고 행복해한다는 사실이다. 우리 집안의 결속력은 얼마나 단단한지 한 명이 삐치거나 화를 낸다고 해도, 절대 세 명이 따로 떨어져서 생활하지 못한다. 역시 절대 군주는 밑에서 받쳐주는 사람들이 있어야지만 살아남을 수 있고 아빠와 나 역시 의미 있는 뭔가를 받들어야 살아남나보다.

내 이름은 '그렇다고', 뭐라고? '그렇다고'

이제 마지막으로 내 소개를 해야겠다. 사람을 접할 때 가장 처음으로 접하게 되는 인상은 '이름'에서 비롯될 때가 많다. 그런데 내 이름은 소리와 의미가 불분명해서 처음 듣는 사람들은 곧잘 잘못 알아듣는다. 전화 통화를 하며 누군가에게 내 이름을 알려줄 때면 나의 목소리는 한 단계 높아진다.

"성함이 어떻게 되세요?"

"박연이요."

"박연희 씨요?"

"아뇨, 박. 연. 이요."

"박연이 씨요?"

"아니요. 박!(쉬고) 연! (2초 후) 이요. 박. 연. 외자랍니다."

이건 한국어로 내 이름을 말할 때에만 벌어지는 일이 아니다. 영어로 내 이름은 'YEON PARK'인데 보통의 외국인들은 'YEON'을 어색하게 '예온', 혹은 '윤'으로 발음하거나 '이욘'이라는 어중간한 발음으로 말한다. 그러면 나는 다시 한 번 목소리를 높이며 수정해준다. "It's YEON. YEON. Like Nun." 나와 함께 학교를 다니는 엠마 월드 스쿨 동생 한 명이 나에게 이런 질문을 한 적이 있다. "언니는 왜 언니 이름을 말할 때 화를 내? 가만 보면 YEON!!이라고 심하게 강조를 한단 말이지."

하지만 내 이름은 발음하는 데 있어서만 불분명한 것이 아니다. 내 이름의 의미도 딱 하나로 규정하기 어렵다. 이 불분명함을 매우 적당하게 알려주는 잊지 못할 에피소드가 하나 있다. 어느 날 학원에서 수업을 할 때였다.

 연아, 연이의 이름에서 '연'의 한자가 뭐니?

 그럴 연然이요.

 (학생 2에게 조용한 목소리로) 그게 무슨 뜻이지?

 (학생 1에게 역시나 조용한 목소리로) 그렇다고.

한자를 잘 아는 어른들은 '그럴 연'이라고 대답을 하면 "아, 흔히 안 쓰는 연이네?" 하며 빨리 알아들으시지만, 또래 아이들이나 한자와 친하지 않은 사람들은 의아해하는 모습을 자주 보았다.

그런 사람들에게 내가 해 줄 수 있는 말은 하나다. "그렇다고."

찰떡궁합?
영원한 앙숙?

엄마와 함께 '은사 한 탕'

우리 집안의 권력 삼각형에서 나의 위치는 그리 나쁘지 않다. 독재자에게 적당히 잘 보이고 독재자가 원하는 바를 재빨리 눈치채서 알맞게만 행동하면 '상위층'과 친해질 가능성을 충분히 갖고 있는 계층이다. 그렇기 때문에 나는 엄마와 엄청나게 친밀한 사이를 자랑한다. 19년을 살며 많은 친구들을 만나본 결과, 엄마만큼 나와 쿵짝이 잘 맞고 재미있게 시간을 보낼 수 있는 친구를 찾지 못했다. 보통 다른 사람들은 내가 엄마나 아빠와 함께 있을 때 그 말을 하면 이런 반응을 보인다. "에이, 딸이 너무 착하다. 근데 이렇게 말해놓고는 부모님한테 말하지 않고 친구들이랑 노는 시간도 있겠지 뭐."

하지만 이러한 거짓말을 해서 내가 보는 이득은 전혀 없다. 나는 정말 사실만을 말하는 것뿐이다. 특히 쇼핑에 있어서는 우리 엄마를 쫓아올 만한 친구가 아직까지 없었다.

엄마와 나는 옷이든 생활용품이든 그 어떤 것이든 무언가 '파는 것'을 보면 몸 구석구석에 숨어 있던 온갖 에너지가 갑자기 솟아오르는 체질이다. 그리고 그 에너지가 한번 솟아오르기 시작하면 우리는 무한한 시간 동안 음식물도 섭취하지 않고 쇼핑에 전념할 수가 있다. 커피만 제공된다면 음식이나 휴식 따위는 필요하지 않다. 정신이 멀쩡하다가도 쇼핑 공간에만 들어서면 갑자기 피곤해진다는 아빠는 다른 종족이다. 그래서 엄마와 나는 애당초 "아빠는 정말 이해가 안 돼. 어떻게 쇼핑을 하면 피곤해져?"라는 질문을 하지 않는다. 우리와는 종족 자체가 다르니 당연하겠지. 이런 우리를 보면서 아빠는 가게에 들어가서 '엄마와 내가 보여주는 눈의 움직임과 몸의 민첩성은 인류가 경험할 수 있는 경이'라 주장한다. 어느 가게에서든 우리의 초인적인 쇼핑 체질은 변하지 않는다. 농협마트면 농협마트, 백화점이면 백화점, 동네 슈퍼면 동네 슈퍼, 문구점이면 문구점…… 그 목록은 끝이 없다. 무언가를 '팔기만' 하면 엄마와 나는 로봇이 합체하듯 머리, 눈, 팔, 다리의 각도가 엄청난 속도로 바뀌면서 매장을 순식간에 점령한다.

나는 진정으로 쇼핑을 좋아하는 사람이라면 모름지기 쇼핑의 때와 장소를 가리지 않아야 한다고 생각한다. 백화점이나 아울렛 혹은 가게가 많이 몰려 있는 길은 물론 일상생활에서 만나는 모든 공간에서

평상시

쇼핑시

쇼핑의 지혜를 발휘할 수 있어야 한다는 말이다.

이사하기 전 내가 살던 동네는 서울에서도 학원이 많기로 유명한 학원가, 노원구 중계동이었다. (동부간선도로를 지나가다보면 간판에 당당하게 씌어 있다. '교육특구, 노원구에 오신 것을 환영합니다.') 특히 집 앞 사거리의 대략 76%는 학원이, 23%는 김밥집이 채우고 있다고 해도 과언이 아니다. 하지만, 이런 학원이나 김밥집을 뺀 척박한 1%의 환경에서도 쇼핑의 꽃은 피어날 수 있다. 엄마와 나의 눈에는 그 꽃이 보인다. 안목 있는 집 주인들이 옷을 가져다놓고 파는 괜찮은 옷가게 몇 개를 발견해내는 것이다. 우리 모녀는 이런 곳을 절대 놓치지 않는다. 잠깐잠깐 길거리에서 토스트나 잉어빵, 카페라떼 같은 것들을 먹고 마시며 우리는 정기적으로 동네 쇼핑을 한다. 엄마와 내가 정기적으로 하는 이런 쇼핑을 부르는 공식 용어가 있다. 바로 '은사 한 탕'.

용어 설명
'은행 사거리 한 탕'의 줄임말.

용례
(주중에 할 일은 없고 날씨도 나쁘지 않을 때 주로 사용한다)
"우리 은사 한 탕 뛸까?"

Tip
눈썹을 씰룩거리며 은밀한 눈빛을 주고받으며 말해야 쇼핑하고 싶은 의중을 효과적으로 전달할 수 있다.

쇼핑이 성공적이었다면 그다음으로 엄마와 나는 서로를 유일한 관객으로 한 패션쇼를 펼친다. 집에 있는 전신 거울을 거실로 끌어내고 거실의 조명을 켠 뒤 약 30분간 쇼핑한 옷가지들은 물론 집에 있던 아이템들과의 믹스앤매치도 겸한 패션쇼를 연다. 쇼핑에서 패션쇼로 이어지는 이런 문화는 특히 아빠가 늦거나 출장을 갔을 때 자주 향유된다.

서래마을로 이사를 온 후에도 이 쇼핑과 패션쇼는 계속됐다. 다만 매장의 이름, 위치, 상품, 주인만 바뀌었을 뿐이다. 그리고 '서래 한탕'으로 동네 이름이 달라졌을 뿐이다.

매일매일 툭툭 틱틱

하지만 이렇게 서로 호흡이 맞아 잘 붙어다니는 것 같아도, 둘이 한번 싸우기 시작하면 끝을 보지 못하는 편이다. 친하면 친할수록 사소한 일을 가지고 틱틱거리며 다투기 때문일까. 예를 들면 이렇다. 미국에서 공부를 하는 나는 엄마와 스카이프Skype(인터넷 전화)를 하며 소식을 전하곤 한다.

그러던 어느 날. 코피 터지게 공부를 하던 도중, 바람도 쐬고 쇼핑도 할 겸 쇼핑몰에 잠시 다녀왔다. 그리고 그날 밤, 스카이프를 하며 쇼핑몰에서 산 아빠의 청바지 몇 벌, 내 남방과 반바지, 민소매 티셔츠를 보여주었다. 그러자 갑자기 엄마는 분노의 일갈을 터트렸다. "내 껀 하나도 안 샀니! 너 여름에 올 때까지 쇼핑하지 마!"라면서 웹캠을 향해 냅다 소리를 지르며 성질을 내는 것이었다. 나는 지지 않고 "아니 엄마한테 어울리지 않는 옷들을 어떻게 사? 왜 엄마한테 안 어울려서 못 산 걸 나한테 화풀이해?!"

이뿐만이 아니다. 엄마와 사소한 것을 가지고 싸운 일은 이미 한두 번이 아니다. 작년 겨울이었다. 방학이 끝나갈 무렵 나는 짐을 챙기며 학교로 돌아갈 채비를 하고 있었다. 엄마와 나는 둘 다 스카프를 매우 좋아해서 서로에게는 양보를 하지 않는 편이다. 그런데 예전부터 눈여겨보던 엄마의 새빨간 스카프가 너무나 갖고 싶었다. 결국 나는 짐을 다 싸놓은 후, 떠나기 전날 밤, 엄마 옷방에 몰래 들어가 스카프를 훔쳐 가방 가장 깊숙한 곳에 숨겨넣고는 학교로 가지고 와버렸다. 몇 주 후, 엄마와 통화를 하는데 엄마는 의아한 표정으로 말했다. "연아, 엄마 그 빨간 스카프가 갑자기 안 보여." 나는 엄마와 지구 반대편에서 생활하고 있다는 점을 이용해 겁 없이 사실을 실토했다. "그거 내가 가져왔지롱!!"

이렇게 자주 투닥거리다보니 엄마와 스카이프나 MSN 메신저를 할 때 조용히 넘어가는 날이 드물다. 겨울방학이 시작된지 얼마 되지 않았을 즈음, 엄마 아빠와 메신저로 채팅을 하고 있었다. 여느 때와 같이 엄마는 새로 산 옷을 자랑하려고 웹캠 앞에 섰다. "연아, 엄마가…… 가죽 점퍼를 샀는데, 집에 와서 보니까 네 거랑 좀 비슷한 것 같다?"

느낌이 좋지 않았다. 엄마의 목소리에는 자신감이 없었다. 같은 옷을 입는 것을 매우 싫어하는 나의 눈치를 살피는 게 명백했다. 그리고 스카이프 화면으로 옷을 입고 나온 엄마를 보자마자 나는 포효했다. "똑같잖아! 똑같잖아! 주머니 모양이랑 지퍼랑! 뭐야! 일부러 그랬지??!!"

그리고 몇 분 후 아빠와 메신저로 대화를 하며 불평을 늘어놓았다. 아빠는 최대한 내 화를 누그러뜨리기 위해 애를 썼다.

> 연이 애! 짜증나! 엄마 나랑 똑같은 가죽 점퍼 샀어!!!
> 아빠 어제 봤어. 색깔만 다른 거…… 좋지 뭐 딸이랑 엄마랑……
> 연이 좋긴 뭐가 좋아!
> 아빠 넌 미국에 있고 엄만 한국에 있고 다른 사람이랑 같은 거보단 엄마랑 같은 옷인 것도 좋고
> 연이 지보쵸!★ 엄마 일부러 저런 거야

아무튼 엄마와 나는 항상 이런 식이다.

서로 없으면 아쉽지만 있으면 또 서로 틱틱거리며 싸우는 모녀지간.

찰떡궁합인 건지, 영원한 앙숙인 건지 판단은 여러분에게 맡기겠다.

★ **지보쵸** 우리 집 암호 중 하나. "엄마,이거가격도괜찮아색깔도예쁘고,나이거사면진짜잘입을꺼같애 확실해엄마.겨울동안이거입고위에자켓이나코트걸쳐도되고여름에그냥맨다리에부츠신어도괜찮을것 같고.이런디자인이또유행도안탄단말이야.질도좋고적당히튀면서적당히시크하고아엄마이거간지나는 것같아나사면진짜잘입을것가아사줘"라고 조르는 나의 말을 한 번에 제압하는 엄마의 한 마디. 극적 인 효과를 위해서는 눈썹을 찌푸리고 눈을 크게 떠야 한다.

아빠와 나의 소통법, 궁금하지 않겠지만 우선 한번 들어보세요

중학교 때의 일이다. 나는 여느 중학생들과 같이 대중가요를 잘 듣는 편이었다. 특히 리쌍은 내가 좋아하는 가수 중 하나다. 그런데 어느 날 내 방을 청소하던 엄마가 책상을 치우다가 내 아이팟을 본 모양이다. 엄마가 실수로 눌러 불이 켜진 아이팟 메인 화면에는 아마 이런 문구가 떴을 것이다.

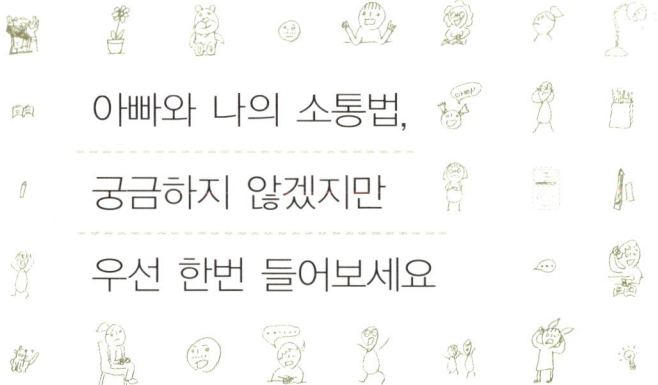

이 화면을 본 엄마의 표정이 눈에 선하다. 육두문자가 들어가 있는 노래 제목에 쇼크를 받은 엄마는 그날 아빠가 퇴근하자마자 내 아이팟을 들고 가 연이가 이런 것을 듣는다며 아마도 걱

정스러운 표정으로 물어봤을 것이다. "연이 이런 노래 들어도 돼?"

그러자 아빠는 흥미롭다는 듯 이어폰을 귀에 꽂고 이 노래를 들어봤다고 한다. 그날 밤, 퇴근한 아빠는 나에게 다가와 이런 말을 해주었다. "연아, 조× 라마이싱 비트 좋던데? 가사도 아주 통쾌하고?!"

여기서 생각을 한번 해보자. 만약 아빠가 보수적인 사람이었더라면? 혼나는 것은 물론이요 아빠와 나 사이의 거리는 더 멀어졌을 것이다. 왜냐하면 자신의 문화생활을 이해하지 못하는 고지식한 아빠와 대화를 나누고 싶어하는 딸은 없을 테니 말이다. 다행히도 나는 아빠가 눈높이를 맞춰주는 덕분에 서로를 친구처럼 여기고 이런저런 대화를 마음 편하게 나눌 수 있다.

아빠와 나의 대화는 눈높이만 맞는 것이 아니다. 아빠와 나만의 소통법에 재미있는 점이 또 하나 있다. 우리의 대화는 매우 창의적인 방식으로 이루어질 때가 많다. 아빠가 그토록 강조하는 (유일하게 가지고 있다고도 할 수 있는 능력) '창의력' 유전자가 나에게도 아주 조금은 있는지 한번은 이런 일이 있었다. 엠마 윌라드 스쿨에서의 9학년이 끝나갈 무렵이었다. 어느새 여름방학이 코앞으로 다가오고 있었다. 학교에서 방학 때 내가 한국 집으로 돌아간다는 사실을 확인할 수 있도록 우리 부모님이 하우스 페어런트(house parent, 기숙사에 함께 사는 선생님)에게 '박연은 이번 여름방학, 한국 집으로 돌아옵니다' 라는 사실을 알려야 했다. 다른 말로 부모님들이 나에게 한국 집으로 초대하는 이메일을 보내야 하는 것이다. 그래서 나는 아빠에게 이런 메일을 보냈다.

1부 연이네 '콩가루 집안'을 소개합니다

> 안녕하십니까,
>
> 어느덧 봄꽃이 만발하는 유월이 되었습니다.
> 이와 함께 성큼 눈앞에 다가온 여름방학을 맞이하는 귀하의 자녀는
> 어느새 고등학교 첫 학년을 무사히 마치게 되었습니다.
> 이에 따라 박연 학생을 여름방학 기간 동안 박웅현 씨 댁으로 초대한다는
> 전자 편지를 집부모에게 보내주시면 매우 감사하겠습니다.
>
> 환절기에 감기 조심하시기 바랍니다.
> 그럼 안녕히 계십시요.

그리고 그다음 날, 아빠에게서 내가 보낸 메일 못지 않은, 나의 하루를 즐겁게 만들어준 답장이 한 통 왔다.

> 존경하는 박연 님께,
>
> 보내주신 전자 편지 잘 받았습니다.
>
> 어느새 1년이라는 세월이 흐르고 그 세월만큼 훌쩍 커버린
> 불초소생의 완벽한 따님, 박연의 모습을 상상만 하는 것으로도
> 저희는 그저 감개무량할 따름입니다.
>
> 부모 입장에서, 거의 천재적이고 미모까지 출중한
> 박연 학생을 여름방학 동안 누추한 저희 집에 초대하게 된 점,
> 하늘에 땅에 감사할 일이라 사료됩니다.
>
> 한 가지 송구스러운 부탁이 있어 이렇게 어렵게 자판을 두드립니다.
> 집부모에게 전자 편지를 보내자니 집부모의 주소가 궁금할 따름입니다.

> 제가 미리 챙겨놓았어야 하지 않나, 혹시라도 이런 부탁이 짐이 되지 않나 몇 번을 망설이다 그래도 이렇게 어려운 부탁을 해봅니다.
> 부디 너무 타박치 마시고 너그럽게 주소를 보내주셨으면 감사하겠습니다.
>
> 그럼 그 찬란한 얼굴 볼 날을 학수고대하며 이만 줄입니다.
>
> 신사동 언덕배기에서,
> 박웅현 배상
>
> 추신
> 필시 알고도 그러셨으리라 사료됩니다만 오자가 있으셨습니다.
> 요즘 지식인들은 "안녕히 계십시요" 대신 "안녕히 계십시오"를 씁니다.

우리 아빠는 이렇게 나의 생각, 문화, 대화거리에 눈높이를 맞춰주는 쿨한 아빠다. 옛 사람들이 쓰는 경어체로 주고받은 편지 덕분에 아빠와 나는 메일을 열어보는 짧은 순간에 작은 행복과 즐거움을 함께 나눌 수 있었다. 어쩌면 세대를 넘나드는 소통이란 건 거창한 방법만이 필요한건 아닐지도 모른다. 작은 위트와 센스, 눈높이를 맞추려는 배려와 이해. 그런 소소한 디테일들이 삶을 바꾸고 장벽을 허무는 힘이 아닐까.

나를 키운 것의 8할은 부모님의 이기심

아빠와 나는 어떠한 주제를 가지고 대화를 하던 호흡이 척척 맞는다. 그래서 나는 '말이 통하지 않는 아빠'가 어떤 사람인지 잘 모른다. 아빠의 이런 쿨함은 '말이 통하는 젊은 감각을 지닌'이라는 형용사를 넘어 '이기적인'이라는 형용사까지 포함한다. 그렇다면 '이기적인 쿨함'이란 도대체 무엇인가?

  이 단어를 설명하기 위해서는 시간을 조금 거슬러 올라가야 한다. 나는 생각보다 (나 역시 언젠가는 아기였다는 사실에도 불구하고) 아이들을 좋아하지 않는 편이다. 식당에서 소리를 지르거나, 미술관 같은 공공장소에 몰려다니며 방해를 하는 개구쟁이 아이들. 심지어 귀여운 표정으로 나를 쳐다보는 아이도 좋아하지 않는다. 그렇기 때문에 나는 내 아이를 가지지 않을 것이라 다짐했다. 나는 나에게 에너지를 쏟고 집중하는 것이 참 좋다. 그렇기 때문에 다른 사람을 위해 내 인생의 작은 일부분도 허비하고 싶지 않다는 이기적인 생각을 곧잘 한다.

이런 이야기를 듣자 엄마 아빠는 그 귀여운 아이들이 왜 싫으냐고 물었다. 나는 내 이기심을 비난하는 부모님에게 이렇게 항변했다. 아이를 키우는 것보다 내가 하고 싶은 일들을 더 자유롭게 하고 독립적인 삶을 살고 싶다고. 내 인생에 많은 연결고리를 만들고 싶지 않다고. 나라는 한 명의 인간이라도 잘 추스르며 잘 살다가 생을 마무리하면 되는 거 아닐까?

그런데 이 말을 듣자 아빠는 곧장 반론을 제기했다. "나는 내 이기심에 널 키우는 거야. 희생이 아니라고." 알고 보니 아빠는 나보다 한층 더 이기적이고 쿨한 이론을 가지고 있었다. 나를 키우는 것 역시 자신의 이기심이라는 것이다. 나만큼 스스로 업그레이드를 잘하는 장난감은 없다면서, 매일매일 변하는 이런 장난감을 가지고 자신의 인생을 즐기는 것은 지극한 이기심이라고 볼 수밖에 없다고 말했다.

그 말을 듣고 돌이켜보니 부모님과 나 사이에는 한국인 특유의 눈에 보이는 질펀하고 따뜻한 정은 없는 것 같다. 난생처음으로 미국의 고등학교를 갈 때, 나는 공항에서도 수학여행을 가듯 여권을 한 손에 들고는 부모님에게 손을 흔들고 게이트로 유유히 들어갔다. 미국에서 혼자 공부하는 첫 학년 때 새로운 환경에 적응하는 학생들을 따뜻하게 돌봐줘야 하는 선생님과 하우스 페어런트는 나에게 부모님이 보고 싶지 않느냐고 물어보기도 했다. 그때도 나는 그렇지 않다고, 그럴 이유가 없다고 말을 했다. 그저 다른 장소에서 공부를 하고 있는 것뿐인데 왜 부모님이 보고 싶어져야 하는 걸까라는 의문이 들기만 했다. 생활할 만하냐는 안부 전화를 나눌 때에도 나는 아무렇지도 않게 "응, 괜찮아"라고 덤덤하게 대답했다. 그러자 아빠 왈, "야, 너 무슨 거기 몇 년 살던 애처럼 말하는구나."

이렇게 부모님과 나 사이에는 '눈물 글썽이는 정'을 찾아보기가 힘들다. 눈물을 흘리고 서로를 부여안고 정을 나누고 확인하는 사람들에게 이런 관계는 어떤 진정성이 휘발된 이상한 관계로 보일지도 모른다. 그러나 나는 안다. 우리 가족은 가슴 깊은 곳에 원초적인 그리움과 정, 안부 걱정들을 묻은 채, 서로를 친구로 여기며 즐겁게 인사하고 삶을 나누며 살아가고 있는 것이라고. 나는 이런 쿨해 보이는 관계, 혹은 이기적으로, 개인적으로 보일 수 있는 가족들 사이의 관계가 오히려 나의 독립심을 키워냈다고 생각한다. 가족이란 어쩌면 같은 지붕 아래 함께 사는 정다운 친구가 아닐까.

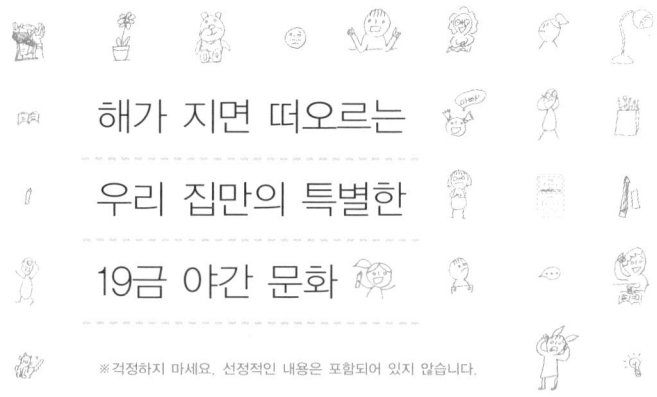

해가 지면 떠오르는
우리 집만의 특별한
19금 야간 문화

※걱정하지 마세요. 선정적인 내용은 포함되어 있지 않습니다.

우리 가족의 가장 유서가 깊은 문화를 꼽자면 바로 '주말 영화 나들이'다. 우리 가족은 특별히 바쁘지 않을 경우 토요일 밤 9시에서 10시 사이에 영화관에 가서 새로 개봉하는 영화를 본다. 거기서 그치는 것이 아니라 영화를 다 보고 집으로 돌아와서는 그날 본 영화에 대한 각자의 의견을 이야기하며 밤 늦게까지 이야기꽃을 피운다.

영화를 보지 않는 주말에도 이런 저런 이벤트를 만들어 입이 닳아 없어질 정도로 수다를 떤다. 평소에도 대화가 많은 편이지만 특히 주말이 되면 우리 가족의 수다 경연대회는 극에 달한다. 때로는 그 장소가 선술집이 될 때도 있다. 아직 대학교도 들어가지 않은 학생을 술집에 데리고 가는 부모님들의 파격이 생소하게 느껴질 수도 있겠지만,

오히려 그런 열린 사고를 가진 부모님 덕분에 술도 바른 방법으로 일찍 배울 수 있었고, 술 마시는 일이 꼭 나쁜 일탈이라고 생각하지도 않게 되었다. 특히 우리 가족이 중계동에 살 적에 자주 가던 오뎅바가 있었는데 그곳에서 나는 다양한 안주들을 먹으며 온갖 종류의 생선에 대해 알게 되었다. 잡학 박사가 되었다고 해야 하나.

만일 밖으로 나가지 않는다면 집에서 '베드 와인_bed wine_'이라고 부르는 이브닝 파티를 열 수도 있다. 말 그대로 안방 침대에 세 가족이 모두 모여 와인을 마시며 수다 떨며 노는 것이다. 물론 와인은 아빠만 마시고 술을 '못 마시는 엄마'와 술을 '못 마셔야 하는' 나는 주로 아빠의 안주를 먹는다. 가끔 오뎅집 행사가 베드 와인 행사로 대체되는 경우가 있는데, 그런 때는 보통 엄마가 일찍 샤워를 끝내서 밖에 나가기 귀찮아 할 때다. 베드 와인이 시작되면 각자 침대 한 구석에 자리를 잡고 그 주 혹은 그날 하루 동안 있었던 재미있는 일들을 얘기하며 웃고 떠든다. 아빠는 회사에서 있었던 재미있는 일, 다른 사람에게서 들은 감각 있는 유머 등을 얘기해준다. 그리고 하루 동안 얼마나 성공적으로 바보짓을 했는지도 설명해준다. 아빠의 이야기는 끊이지 않는다. 예를 들어 좌회전을 생각하며 택시 기사에게는 우회전을 하라고 얘기했던 일(오른쪽과 왼쪽을 구분하는 아빠의 뇌 부위는 손상되어 있음이 분명하다), 버스에서 내리다 쇠로 된 신호등 보호기에 머리를 매우 심하게 들이받고는 창피해서 아무렇지 않은 척하고 멀쩡히 걸어온 후 집으로 돌아와 푹 꺼진 머리통을 확인한 일, 새로 발견한 가로수길 맛집 등등 이야기의 소재는 끝이 없다. 가끔은 혼자, 혹은 회사 사람들과 결정할 수 없는 중요한 결정을 엄마와 나의 조언을 들은 후 결정하기도 한다.

엄마의 화제는 보통 취미 활동을 하면서 만나는 친구들에 대한 것이다. 엄마는 10년이 넘도록 꾸준히 수영장을 다니고 있는데, 오늘은 어떤 언니가 어떤 먹을 것을 갖고 왔다느니, 누구네 아들이 어느 대학교에 들어갔다느니 하는 아주 일상적이고도 아줌마들만이 할 수 있는 이야기보따리를 풀어놓는다.

나는 미술학원에서 선생님이 어떤 유머를 던졌는지, 지하철에서 예쁘고 얌전한 여자가 휴대폰을 쓰고 있었는데 자세히 보니 고스톱을 치고 있어 실망이었다는 이야기, 지하철에서 물건을 파는 아줌마와 아저씨가 싸웠다는 이야기, 초등학교 동창을 만났는데 많이 변했다는 이야기, 학원에 어떤 애가 무슨 옷을 입고 왔더라는 이야기 등 딱 십 대 소녀가 할 수 있는 신변잡기적인 이야기들을 계속해서 뿜어낸다. 정말 사소하고 아무것도 아닌 이야기들로 우리 가족들은 새벽이 될 때까지 즐거운 시간을 보낸다.

이 베드 와인 문화가 서래마을로 이사를 간 후에는 살짝 형태가 바뀌었다. 예전 집에는 없던 아일랜드 식탁이 주방에 생기자 우리 가족은 새로운 환경에 우리의 문화를 적용시켜 우리 가족만의 '섬(아일랜드) 문화'를 발전시켜나가기 시작했다. 섬 문화의 장점 중 하나는 '캐주얼함'이다. 주방 한가운데에 위치한 아일랜드 식탁은 우리 집 한가운데에 떠 있는 섬과 같다. 그래서 가족들은 집안을 왔다 갔다 하며 그 섬 주변에 있는 의자에 걸터앉아 아무 때나 쉽게 대화를 나눌 수 있다. 이 새로운 섬 덕분에 우리 가족은 밤낮을 가리지 않고 더욱 많은 수다를 떨게 됐다. 자리가 사람을 만든다더니, 아일랜드 식탁 섬이 우리 가족을 더 수다스럽게 만든 것이다.

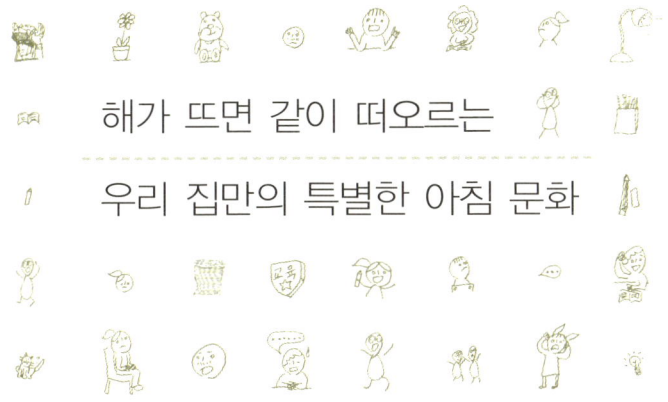

해가 뜨면 같이 떠오르는
우리 집만의 특별한 아침 문화

연 이 네 주 말 아 침 맞 이 1

'문화'라는 말을 너무 학대하는 것 같아 미안한 감이 없지 않지만 앞에서 설명한 고스톱 문화 외에도 우리 가족은 많은 문화를 끊임없이 개발한다. 중계동에 살 때, 우리 가족에게는 일요일 아침 식사 문화가 있었다. 우리 집에서 10분쯤 걸으면 '뚝배기 바지락 칼국수' 집에 갈 수 있었다. 내가 보기에도 이곳은 '천상의 식당'인데 우리 집은 한때 일요일 아침마다 이 칼국수를 먹지 않으면 일주일을 정상적으로 살지 못하는 전염병에 걸린 적이 있었다. (최근에는 치료법이 개발되어 바지락 칼국수를 2주 동안 먹지 않아도 정상적으로 숨을 쉬며 살아갈 수 있게 되었다. 특히 나는 스스로 항생 작용이 뛰어난 면역 시스템을 개발해 몇 개월이고 칼국수를 먹지 않고 정상적으로 살아갈 수 있다.) 이곳의 식당 아줌마들이 바지락을 씻고 식당을 정리하여 정상적으로 영업을 시작하는 시간은 오전 11시쯤이다. 안성맞춤인 것이, 오전 11시는 우리 가족이 일요일 아침 늦잠을 푸지게 자고 아침을 먹을 시간이다. 식당에 들어서면 모든 것은 자동으로 움직인다. 우리 셋은 메뉴판도 보지 않고 '주문을 외우듯' 주문을 한다. 한 글자의 오차도 없이.

"저희 칼국수랑 수제비 섞어서 2인분, 보리밥 추가, 물만두요! 수제비를 좀더 주시고요 국물 많이!!!!!!!!"

그렇게 우리들의 일요일 아침 축제는 시작된다. 칼국수를 먹을 때마다 아빠는 혼잣말을 빠트리지 않는다. "분명 무슨 마약 넣은 거야." 물론 이 행복한 식탁에 문제가 전혀 없는 것은 아니다. 이렇게 맛있는 바지락 칼국수를 먹으면서 우리 가족은 두 가지의 문제에 직면해야 한다.

첫번째 문제는 엄마와 나 사이에 생긴다. 엄마는 수제비를 더 좋아하고 나는 칼국수를 더 좋아한다. 앞에서 이구동성으로 외친 매뉴얼화된 주문에서 알 수 있듯이 항상 수제비를 칼국수보다는 많이 달라고 요구해야만 엄마의 웃는 모습을 볼 수 있다. (그러나 나는 여전히 칼국수에 한 표다. 개인적으로 뚝배기 '칼국수' 집에서 수제비를 더 달라고 하는 것은 식당에 대한 모욕이라 생각한다. 무엇보다 내 입에는 칼국수가 더 맛

있다.)

다른 하나의 마찰은 엄마와 아빠 사이에서 발생한다. 아빠는 칼국수에 대한 면역성이 약해 일주일에 한 번 칼국수를 먹지 않으면 신경이 날카로워지고 괴팍해졌다. 엄마 역시 칼국수를 좋아하기는 하지만 일요일 아침마다 과식하는 것이 너무 괴로웠다. 그래서 엄마는 그 집에 가는 횟수를 현저하게 줄였다. 물론 아빠는 강하게 반대했다. 결국 최후의 승자는 엄마가 되었지만, 어쨌든 나는 행복하지 않은 엄마와 행복하지 않은 아빠의 모습을 번갈아 봐야 했다. (바지락 칼국수를 먹으러 간 일요일 아침은 행복하지 않은 엄마, 바지락 칼국수를 먹으러 가지 않은 일요일 아침은 행복하지 않은 아빠.)

새로운 연이네 주말 아침 맞이 2

서래마을로 이사를 온 후에는 사뭇 다른 아침을 경험하게 됐다. 우선 달라진 점은 아침식사다. 겨울이 지난 후 날씨가 풀리면서 엄마 아빠는 주말 아침마다 늦잠을 자고 일어나 브런치를 즐겨 먹기 시작한 모양이었다. 둘은 스카이프로 영상통화를 할 때마다 맛있게 먹고 온 아침식사에 대한 대화를 시도 때도 없이 했다. 여기까지 읽은 독자들이라면 우리 가족의 기이함에 대해 어느 정도 이해를 하기 시작했다고 믿어지는 바이니, 안심하고 우리가 자주 나누는 대화의 한 부분을 적어본다.

1부 연이네 '콩가루 집안'을 소개합니다

"넌 뭐해? 주말 공부는 잘되고 있어? 컨디션은 좀 어때?"

"뭐, 비슷해. 할 껀 많고."

"우린 아침 뭐 먹고 왔게?"

"몰라."

"파리크라상 가서 토마토 주스 2잔, 라떼 1잔, 크라상 2개씩, 발사믹 치킨 샐러드 먹고 왔어. 진짜 맛있어."

"맛있었겠네."

"어제 아침에는 파리크라상 가서 토마토 주스 2잔, 라떼 1잔, 크라상 2개씩, 발사믹 치킨 샐러드 먹어서 오늘 아침엔 그냥 파리크라상 가서 토마토 주스 2잔, 라떼 1잔, 크라상 2개씩, 발사믹 치킨 샐러드 먹었어."

"현명하네."

"다음주 주말에는 뭐 먹을 건지 알아?"

"파리크라상 가서 토마토 주스 2잔, 라떼 1잔, 크라상 2개씩, 발사믹 치킨 샐러드 먹을 꺼지?"

"그렇지."

"한국 가면 나도 껴줘. 오키?"

새 로 운 연 이 네 주 말 아 침 맞 이 3

다른 하나는 아빠와 나 둘이서만 즐기는 일요일 오전 문화다. 집에서 20분쯤 걸어가면 신세계백화점에 있는 씨네시티를 갈 수가 있는데, 이 씨네시티 지하에는 영풍문고가 있다. 아침을 먹고 엄마가 청소를 시작할 즈음 (이 문화는 아빠가 청소에 대한 면책 특권을 받을 수 있는 좋은 문화다) 우리는 영풍문고를 향한다.

특별한 생각 없이 그냥 서점을 걸어다니다가 새로 나온 책, 인기가 많은 책, 그리고 각기 다른 섹션의 책들이 놓여 있는 서점 구석구석을 돌아다니며 아빠와 눈에 보이는 책이나 그 책들의 주제에 대해 얘기한다. 노자의 책이 보이면 도가 사상에 대한 얘기를 하고, 스탈린에 대한 책이 보이면 공산주의에 대한 얘기도 하고, 댄 브라운의 책이 보이면 다빈치에 관한 얘기도 한다.

이번 여름에도 역시 아빠와 영풍문고를 몇 차례 찾아갔었다. 지난 학기에 미술사 수업을 들었기 때문인지 미술책 섹션을 걸어 다닐 때 유난히 내 관심을 자극하는 여러 가지 책 제목들과 도판들이 눈에 띄었다. 그러다가 나는 걸음을 멈추고 황급히 내 앞의 책을 마구 훑어보았다.

"아! 아빠, 이 동상 알아? AP 아트 히스토리 수업시간에 배운 건데 이게 바로 리아체 워리어 Riace Warrior 라고 이탈리아 바다에서 끌어올린 브론즈 상이야! 이 사람의 이빨은 금으로 도금이 되어 있대. 이 동상에서 볼 수 있는 움직임과 무게감이 헬레니즘에 영향을 미쳤지……

아움★……"

"그리스 동상 얘기 하니까 아빠가 읽은 책 『지중해 오디세이』라는 책이 생각난다. 거기에 그리스는 햇빛의 영향을 받아 인체를 면과 각도로 나눠 조각이 발달했다는 내용이 나오거든. 연이가 꼭 읽어봤으면 좋겠어."

"어. 이 옆에 있는 책은 카뮈가 쓴 거다! 『이방인』을 읽어봤는데 이건 무슨 책이지? 『안과 겉』?"

"아, 그 책 얘기는 들어봤어. 사봐야겠다."

"아빠, 앞에 차례를 보니까 '아이러니'라는 챕터가 있어. 행복의 부조리 같은 걸 얘기하는 걸까?"

"한번 읽어봐야겠다."

"음, 이번엔 저쪽 섹션으로 가보자. 제목은 어디서 들어본 것 같은데…… 『만들어진 신』?"

"응, 이건 리처드 도킨스라는 무신론자 과학자가 쓴 책이야. 집에 있으니까 가서 읽어봐."

서점에서 아빠와 나의 대화는 이런 식이다. 그리스 동상 리아체 워리어에서 시작해서 지중해 오디세이와 알베르 카뮈, 행복의 부조리를 거쳐 리처드 도킨스까지……. 이렇게 우리의 대화는 미리 계획하지

★ **아움** 우리 가족이 사용하는 암호로 뭔가 장황한 얘기를 한 후 자신의 목소리에 심취되어 〈스타워즈〉의 요다가 내는 듯한 명상의 소리를 낼 때 사용한다.

않았지만 서점이란 공간에만 들어서면 물 흐르듯 자연스럽게 다양한 주제로 펴져나간다.

연이네 주말 오후 맞이

마지막으로 언급할만한 것은 일요일 오후의 풍경이다. 일요일 오후 3~4시경이 되면 우리는 거실 앞 큰 창가에 앉아 커피나 홍차를 마시며 작은 피크닉을 즐긴다. 오후의 햇살이 집 안으로 쏟아져 들어오고 거실 오디오에서는 음악이 나오고 고양이 뭉키와 마토가 옆에서 졸고 있는 한적한 풍경. 물론 피크닉 준비를 위한 역할 분담도 철저하다.

시간과 날씨, 그리고 우리의 허기 정도에 따라 거실 피크닉이 필요할 것 같으면 세 가족은 서로 눈빛을 주고받는다.

그러면 아빠는 붙박이장에서 티타임용 담요를 꺼내 베란다 창가에 깔고 엄마는 물을 끓이고 쿠키를 꺼낸다. 쟁반에 차와 음식을 담아 오는 엄마를 보고 고양이 마토와 뭉키는 "야옹"이라는 소리와 함께 기지개를 켜며 느긋느긋 다가온다. 우리 가족은 베란다에 앉아 먹고 마시며 수다를 떤다.

역시나 수다의 주제는 다양하고 랜덤하게 선정된다. 전날 밤, 모기가 기승을 부려 몸에 피가 뽑혀나간 자국이 생생히 남아 있기라도 하는 날이면 우리의 주제는 모기가 된다. 엄마는 종아리에 물린 자국 세 개를 보여주며 간지러움의 정도, 간지러움 퇴치 방법, 그리고 모기를 죽여버릴 약을 살 계획들을 나열한다.

차를 마시며 얘기를 듣던 나는 곧바로 엄마의 이야기를 받아치며 내 팔의 피를 뽑아간 모기에 대한 대화를 시작한다. 부은 정도를 서로 비교해 어느 부분을 어느 놈이 물었는지도 추론한다. 가끔 간이 부은 모기들은 사람의 피를 넘어서 고양이의 피까지 맛본다. 엄마는 쿠키를 먹던 도중 흥분해 우리 마토의 모기 물린 상처에 대해 열변을 토한다. "아니 글쎄, 마토 귀 옆이 이렇게 크게 부었더라고! 며칠이 지나면서 커지더니 어제는 터져서 피도 났다고. 내일 아침에 병원에 데려가야겠어 정말. 그리고 모기약 좀 사야겠어." 그러면 아빠와 나는 이렇게 답한다. "당장 사러 가자." 그러면 우리는 곧 주말 피크닉을 접고 나갈 준비를 한다. 이렇게 우리는 주말의 오후를 계획 없이 느긋하게 보낸다.

아빠와의 대화

> 아빠,
> 정말 제3계급이어도 괜찮아?

 아빠, 다른 사람들 얘기를 들어보면 아빠가 밖에서는 카리스마 있고 무서운 사람이라던데, 어떻게 우리 집에서는 제3계급 돌쇠 취급을 받으면서도 묵묵히 행복하게 살아? 어째서 왕의 권위를 휘두르는 엄마의 말을 따르며 사는 거냐고.

 연이야, 우선 남자와 여자의 차이를 생각해보자. 근대사회에 접어들면서 아무리 여자의 지위나 영향력이 높아지고 커졌다 하더라도 한계점은 여전히 존재해. 여자들이 여전히 '열등하다'라는 뜻이 아니라 여자는 남자와 비교해 근본적인 차이를 가지고 있다는 말이지.

지능의 차이는 아닐 거고……. 신체적인 차이인가?

그렇지. 애초부터 그냥 '다르게' 태어난단 말이지. 자연적으로. 그런데 이렇게 신체적으로 강한 남자가 물리적으로도 강하다면 어떻게 될 것 같니? 신체적으로 강한 남자가 제1계급을 차지하는 것은 매우 위험한 현상이야.

응, 그렇겠네. 신체적으로 약한 여자는 어찌 저항할 도리가 없을 테니까…….

그래서 남자가 제1계급을 차지하는 식으로 남녀 관계가 뒤집히면 위험한 거야. 남자만의 독재가 되잖아. 그래서 어렸을 때부터 딸이든 아들이든 남녀 관계에서 강자와 약자를 구분하는 법을 잘 가르쳐야 되는 거지. 예전에 아빠가 『내 아이 마초로 키울 수 없다』라는 어떤 책 뒤에 썼던 말 기억나니?

아! 기억나! 책 뒤에 아빠가 이렇게 썼어. "물리적 힘에 의해 강자와 약자를 구분하는 사람은 충분히 진화된 사람이라고 볼 수 없다. 육체적 조건상 약자일 수밖에 없는 여자들에 대한 배려가 없는 세상은 충분히 진화된 사회라 볼 수 없다. 우리 아이들이 마초로 크지 않을 때, 비로소 우리들의 진화는 완성된다. 이 책은 우리들의 진화를 위한 지침서다."

너가 딸이기 때문에 너를 물리력으로 제압하려는 마초 같은 남자를 수용해서는 안 된다고 알려주는 거야. 만약 너가 아들이었다면 여자 앞에서 약해지는 건 전혀 창피해하거나 수치스러워 할 일이 아니라고 가르쳤겠지.

그래서 우리 집에서 아빠의 지위는 바닥에 머무르는 거구나.

그게 옳은 거고…….

 당연하지.

 그런데 아빠 나 또 하나 궁금한 게 있어.

 응, 얼마든지 물어봐.

다른 사람들이 신기해하는 우리 가족의 특징이 또 하나 있잖아. 내가 부모님 특히 아빠랑 친하게 지내는 것 말이야. 아빠와 친구의 경계선이 없다는 사실. 내 생각에 내가 아빠랑 가깝게 지낼 수 있는 이유 중 하나는 아빠의 눈높이와 나의 눈높이가 비슷하기 때문인 것 같아. 나를 잘 이해해준단 말이야. 항상 궁금했던 건데 이 눈높이는 어떻게 맞춰주는 거야?

짧게 요약하자면 '역지사지易地思之'라고 할 수 있어. 네 입장이 되어보는 거야. 그렇다면 네가 커가면서 보는 눈높이가 달라지니 아빠가 맞춰주는 눈높이도 항상 변하겠지? 네가 초등학교 때 학교에서 주최한 생일 파티에 엄마가 아닌 아빠에게 꼭 오라고 했던 일, 기억나니? 왜 그랬던 것 같아? 보통은 자기 친구들이 다 모인 생일 파티같은 자리에 고리타분한 아빠를 부르는 일은 흔치 않은데…….

그때 내가 아빠가 왔으면 했던 이유는, 물론 아빠가 재미있어서였지. 아빠는 다른 아빠들처럼 고리타분하거나 친구들이랑 같이 있을 때 분위기를 깨기보다는 띄우는 사람이라고 생각했으니까.

너가 그렇게 생각한다는 걸 아빠는 알고 있었어. 네가 초등학생일 때에는 초등학생들의 눈높이에 맞췄어. '내가 저 나이면 어떤

테마, 어떤 사람을 재미있어하고 좋아할까?' 이런 고민을 한 거지. 사실 주변을 조금만 잘 둘러보고 입장을 바꿔 생각할 줄 안다면 역지사지가 어려운 게 아니거든.

🧑 그래서 내 나이가 몇이든, 어떤 상황에 처해 있든 아빠의 도움은 언제나 필요하고 원했던 것 같아.

👨 아빠가 너한테 처음으로 추천해준 고전 도서가 뭔지 기억나니?

🧑 응. 앙드레 지드의 『좁은 문』.

👨 그때 너는 그 책을 읽고 뭐라고 했더라?

🧑 재미없다고 했어. 난 사랑 얘기, 성장소설 같은 건 지루해서 읽기 싫다고 했지.

👨 그런데 아빠가 처음으로 재미있게 읽은 책이 『좁은 문』이었거든. 난 네가 여자애라서 사랑 이야기 좋아할 줄 알고 추천해줬었어. 그래서 사실 처음에 네가 별로라고, 재미없다고 했을 때 꽤 섭섭했어. 하지만 또 다시 역지사지의 자세로 입장을 바꿔 생각해보고 물어봤지. 그러자 너는 내용이 있는, 스토리 라인이 뚜렷한, 신나는 책을 좋아한다는 사실을 알게 된 거고 그래서 내가 에밀리 브론테의 『폭풍의 언덕』을 추천해줬잖아.

🧑 그거 정말 재미있게 읽었어! 내가 처음으로 재미를 붙인 고전이야.

👨 그것 봐. 또 네가 힘들 때, 시험공부 할 때를 생각해봐.

그럴 때마다 항상 아빠가 근처에 있었으면 좋겠다는 생각이 들었어.

중간고사를 준비하는 중학교 2학년인 딸을 바라보면서 다시 입장을 바꿔서 생각했어. '내가 연이라면? 내가 스트레스를 받으며 시험공부를 하는 중학생이라면?' 시험 잘 보라고, 문 닫고 빨리 앉아 공부 하라고, 도서관 가서 공부하다가 오라고 하면 내가 공부를 하고 싶었을까? 그렇지 않거든. 그럴 때는 어떻게 하면 너를 덜 외롭고 혼자가 아니라고 느끼게 해줄까 고민했어. 그래서 같이 책 들고 네 방에 들어가서 책도 읽고, 모르는 거는 언제든지 질문하라고 말해줬지. 이런 커뮤니케이션의 쌍방성을 고려한 역지사지의 생각 덕분에 우리가 친구같이 지내는 거지. 그건 엄마도 마찬가지고.

한마디로, 입장을 바꿔 생각하는 역지사지가 나와 가깝고 친하게 지내는 가장 중요한 방법이었구나! 솔직히 그때 아빠 아니었으면 자주 포기하거나 딴짓할 생각이 들었을 것 같아. 아빠같이 도와줄 사람이, 친구가 옆에 있다는 사실 때문에 얼마나 어깨가 덜 무거웠는지 몰라. 그런 면에서는 아빠 쓸 만해.

2부

공부만 하다
죽을 수는 없잖아

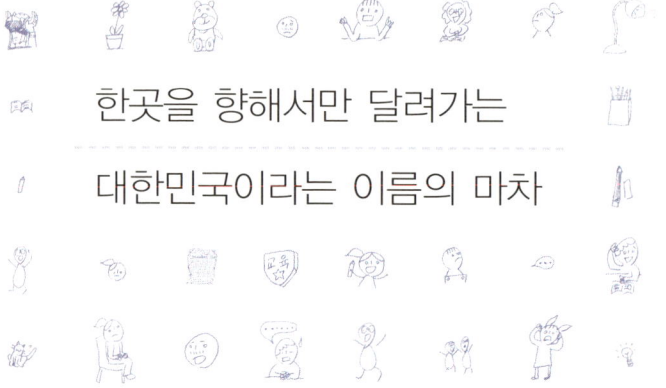

한곳을 향해서만 달려가는
대한민국이라는 이름의 마차

2009년 2월 3일자 중앙일보의 기사에는 어느 열혈 엄마와 그 친구 사이의 이런 대화가 나온다.

"자기는 도대체 아이에게 바라는 게 뭐야?"

"바라는 거? 그런 게 어디 있어? 그냥 다 아이 잘되라고 하는 거지."

"아이가 만족은 하고?"

"공부 좋아하는 애가 어디 있어? 싫어하지만 억지로 시키는 거지."

"그러다 아이가 잘못되거나 원망하면 어떡해?"

"잘못될 리가 있겠어? 그리고 자기 때문에 내가 얼마나 고생하는

데 원망은 무슨 원망을 해?"

이번에는 또 다른 대화다. 그 엄마의 친구가 열혈 엄마의 아이를 만나 나누는 대화다.

"엄마가 널 위해 헌신하니까 좋아?"
"아뇨! 공부, 공부 하는 엄마가 지긋지긋해요."
"다 너 행복하라고 그러시는 건데?"
"엄마가 원하는 건 내 행복이 아니라 자기 친구들한테 자랑스러운 아들이 되는 거예요."
"……"

내 방문에는 내가 좋아하는 명언 중 하나가 씌어 있다.

"The important thing is to breathe as hard as we can breathe." (빈센트 반 고흐)

고흐는 삶을 바람직하고 의미 있게 사는 방법을 잘 알고 있었던 것 같다. 보통 사람들은 지각하지 못한 채 살아가지만 숨을 쉬면서 하루하루 생존해나가는 것이 가장 중요하다. 살아 있다는 것을 전제로 사람들은 각자 중요하게 여기는 가치나 목표점을 세워두고 살아갈 수 있다. 다른 말로 표현하자면 삶에는 우선순위가 필요하다는 것이다. 그런 맥락에서 보자면 대한민국 전국에 있는 학원과 그 학원에 아이들을 무턱대고 보내고 있는 학부모들은 하나의 큰 실수를 저지르고 있다고 생각한다. 그들은 인생에서 무엇이 더 중요하고 무엇이 무엇보다 우선순위에 있는지 잘 깨닫지 못하고 있는 것 같다. 나는 공부하는 학생으로서 한국에서 흔히 볼 수 있는 어떤 거대한 '착각'에 대해 얘기해보고 싶다.

어떤 학원 광고에 이렇게 씌어 있는 것을 본 적이 있다. '공부하다 죽자.' 믿어지지 않겠지만 이런 문구가 등장했던 것이 사실이다. 나는 개인적으로 공부를 하다 어린 나이에 죽기보다는 공부를 조금 덜 하더라도 더 오래 살 수 있는 인생을 택할 텐데. 학원이 추구하는 입장이 나와는 조금 다른 듯하다.

죽어버릴 정도로 공부만 해야 한다고 설파하는 우리나라의 광적인 교육열이 이토록 들불처럼 퍼지는 현상의 원인을 논리적으로 설명해주는 표현이 있다. 바로 '밴드웨건 효과 bandwagon effect'다. 두산백과사전에서 밴드웨건 효과의 뜻을 간단하게 찾아보니 다음과 같았다.

유행에 따라 상품을 구입하는 소비현상을 뜻하는 경제용어로, 곡예나 퍼레이드의 맨 앞에서 행렬을 선도하는 악대차가 사람들의 관심을 끄는 효과를 내는 데에서 유래한다. 밴드웨건 효과란 이와 같이 대다수의 타인이 하는 것을 보고 맹목적으로 따라하는 것을 뜻한다. 이 표현은 서커스단이 커다란 웨건(마차)을 몰고 마을을 돌아다니면서 사람들을 모았던 것에서 유래했다고 전해진다.

사전의 정의가 저렇다면 나는 저 사전적 정의를 따라 우리나라 교육판에서 일어나고 있는 밴드웨건 효과를 유사하게 정의해보겠다. 우리나라의 사교육에서 벌어지는 밴드웨건 효과는 '소비'와 '상품화'와 깊은 관련이 있다.

유행에 따라 교육상품을 구입하는 대한민국 학부모님들의 소비현상을 뜻하는 심각한 사회문제를 설명하는 용어로, 곡예나 퍼레이드의 맨 앞에서 행렬을 선도하는 몇몇의 친구 학부모들이 나머지 학부모들의 관심을 끄는 효과를 내는 데에서 유래한다.

그런데 대한민국 사회를 자세하게 관찰해보면 이 나라에는 수많은 '웨건'들이 존재한다는 사실을 알 수 있다. 미국에서 고등학교를 다닌 이후에 느낀 사실이지만, 일명 '멜팅 팟 melting pot'이라고 불리는 미국은 한국과 매우 다르다. 물론 문화나 언어, 역사가 다른 것은 당연하다. 그런데 내가 말하고 싶은 것은 미국의 경우, 한국보다 훨씬 개인이 개성을 표출하는 것을 적극적으로 받아주는 것이 생활화되어 있다.

기원전 2333년부터 한민족끼리 살아왔던 우리나라 사람들은 미국사람들에 비해 하나로 똘똘 뭉치는 경향을 보여준다. 그러나 그런 '우리' 의식은 교육뿐만이 아니라 패션, 특정 브랜드, 특정한 음식에 대한 선호와 유행에서도 찾아볼 수 있다. 한번 유행을 타기 시작하면 대한민국 전체 인구의 90%는 복제인간처럼 다들 똑같은 차림새로 돌아다니는 것이다.

방학 때 한국에 들어와서 가족과 저녁을 먹으러 나가는 길에 동네 중학생, 고등학생들을 보면 정말 신기하다. 분명히 똑같은 머리를 하고 똑같은 운동화를 신고 똑같은 가방을 들고 똑같은 안경을 끼고 지나가는 학생을 조금 전에 봤는데 길 건너편에 같은 학생이 보인다. 고개를 돌려 길 건너편을 보면 그 학생이 또 보인다. 눈앞에서 동일한 학생이 서로 마주보며 지나간다. 이런 현상은 학생들에게서만 나타나지 않는다. 닭꼬치가 유행을 하면 번지듯 동네방네 닭꼬치 집들이 득실거리고 로티번이 유행을 하면 가는 빵집마다 커피번을 만들어 판다. 한때 안동찜닭이 유행했을 때는 가는 곳마다 보이는 게 찜닭 집이었다. 몇 달 후 그 찜닭 집들은 언제 있었냐는 듯 사라진다. 우리나라 사람들은 언제나 이례적일 정도로 통일을 추구하는 것 같다. 먹는 것이나 옷을 입는 것에서 이런 경향이 적용되면 우스우면서도 살짝 두려울 뿐이다. 중요한 것은 최소한 이러한 차림새나 음식에 대한 치우친 경향성은 사람을 해치지 않는다는 것이다.

문제는 이것이 공부에 적용되면 학생들을 향한 지옥의 문이 열린다는 것이다. 학부모들의 자식 공부 계획은 잘 살펴보면 나름 논리적인 면을 가지고 있다. 학부모들은 영국의 철학자 프랜시스 베이컨의 귀납법을 통한 데카르트 적인 가설을 세운다.

학부모들의 우리 자식 학원 보내기 삼단논법

❶ 5층집 아들, 103동 영민이 엄마 딸은 A 학원을 다닌다.
❷ 5층집 아들, 103동 영민이 엄마 딸이 A 학원을 다니는 이유는 그 학원이 좋기 때문이다.
❸ 고로 우리 딸도 A 학원에 가야 한다.

5층집 아들이랑 103동 영민이 엄마 딸이 A 학원을 다니는 이유는 그 학원이 좋기 때문이라는 귀납적 추론으로 자신의 딸도 의심의 여지 없이 학원을 보낸다. 당연한 이치이다. 정말 합리적이고 타당하지 않은가? 모든 학생들이 우르르 몰려 한 학원으로 가는 현상만을 보고 그 학원이 뭐가 좋은지 왜 가야 하는지는 무시한 채 불안감에 휩쓸려 아이를 학원에 보낸다. 이것은 단지 자신의 심리적인 안도를 위해 보내는 것이다. 유명한 선생님이 가르치는 수업이면 학생 수가 몇이든, 수업료가 얼마든 무조건 보낸다. 사람들의 이러한 심리에 힘을 실어 주는 하나의 인상적인 학원 광고 문구가 있다.

　"저희 학원 기말고사 준비는 중간고사가 끝난 날부터 시작합니다."

　은행에서 학원비를 부치고 집으로 들어오거나 방금 중간고사를 잘 보지 못했단 문자를 받은 엄마들이 이 광고를 본 후의 반응은 충분히 상상할 수 있다. 그렇다면 여기서 학생들의 반응을 대조하며 살펴보자. 중간고사를 그다지 잘 보지 못하고 집으로 들어오는 길에 이 광고를 본다. 참 공부할 맛 나게 만들어줄 것이다. 시험이 끝난 날이라도 열심히 공부한 대가를 치르고 쉬어야 하는데 이러한 광고는 그런 하루마저도 빼앗아 가려고 안간힘을 쓴다. 믿기 힘들겠지만 실제로 이러한 끔찍한 일이 있었다. 중학교 2학년 때 중간고사를 본 후, 채점을 하고 아이들과 눈물을 흘리며 두려움과 실망감을 함께 나눈 후 집으로 갈 준비를 하는 중이었다. 내 옆에 나와 비슷한 성적을 받은 한 남학생이 가방을 싸고 있었다. 최소한 나는 시험이 끝난 날은 눈치를 보

는 한이 있더라도 노는 학생이였기 때문에 친구에게 오늘은 무얼 하고 놀 거냐고 물어봤다. 그런데 이 남학생은 절망스럽게 웃음을 지으며 대답했다. "집에 가야 돼. 엄마가 이제 기말고사 준비시킬 거야." 문제는 우리나라 학생들은 정말 바르고 착한 어린이들이기 때문에 절대 반항하지 않고 엄마가 시키는 대로 웬만하면 수긍한다는 점이다. 적극적인 엄마들과 수동적인 학생들이 손에 손을 잡고 힘을 합쳐 합체 로봇의 파워와 에너지를 방출한다.

    이렇게 생성된 로봇들이 한국을 폭파시키기 전에 서로 협상해 평화를 유지했으면 하는게 내 작은 바람이다.

학원도 일종의 감옥

나는 안타깝게도 수동적으로 쉽게 수긍을 하는 학생이 아니었기 때문에 엄마가 고생을 했던 역사가 조금 있다. 나 역시 중학교 때 주입식 교육으로 가르치는 학원들을 세 군데 정도 다녀본 '전과(나는 학원을 일종의 감옥이라고 보기 때문에 '경험'이라기보다는 '전과'라는 단어가 적절하다고 생각한다)'가 있다. 지금 와서 돌이켜보면 최소한 세 군데의 학원 다니기를 시도해본 나의 인내심이 매우 자랑스럽다. 그러나 좀더 구체적으로 밝히자면 다니긴 했으나 나는 이 세 곳에서 모두 일주일 이상을 버티지 못하고 학원 문을 박차고 나와버렸다.

사실 버티지 못한 게 아니라 받아들일 수 없어서 내 발로 걸어나왔다는 말이 더 정확하다. 나는 비효율적인 양의 단어 외우기 과제와 그

외의 숙제들을 내주고 학생들을 몰아붙이며 가르치는 공부 방법을 도저히 수용할 수 없었다. 결국 엄마는 수업료를 환불하러 학원을 다시 찾아다녀야만 했고, 내 방 한구석에는 사용하지 않은, 하지만 돈으로 환불되지는 않는 문제집들이 차곡차곡 쌓였다. 그리고 나는 그저 결백하고 담담한 표정으로 산더미처럼 쌓여 있는 문제집들을 눈물을 삼키며 쓰다듬는 엄마를 쳐다볼 뿐이었다.

아들딸을 향한 교육열에 불타오르는 학부모들은 자신의 아이들을 옆집, 윗집 아이들이 가는 학원에 당연하다는 듯이 보낸다. 아이들은 아침 9시부터 오후 5시까지 수업이 진행되는 학원을 가고, 점심 도시락까지 싸가지고 가서 먹기도 한다. 너무 긴 시간 동안 학원에서 공부를 하기 때문에 점심을 싸가지고 가는 것이다.

내 생각엔 그 점심 도시락이라는 것도 학원의 음모가 아닌가 싶다. 공부에 시달리는 학생들에게 피크닉에 온 듯한 환상을 불러일으켜 주기 위해 학원들이 의도적으로 계획한 것이 아닌가 싶다. 이런 학원들은 개학 후에는 학생들이 학교를 가기 때문에 아침 9시부터 피크닉을 즐기지 못한다는 사실을 대신 슬퍼해준다. 그래서 개학을 하고 나면 전략을 바꾼다. 방과 후 학원에 가게 되면 더욱 늦은 시간(밤 12시쯤)에 되돌려 보내주는 것이다.

중계동에 살 때 우리 아파트 뒤에 있는 건물에 큰 종합학원이 있었다. 주중이든 주말이든 저녁 10시에서 11시 사이에는 학원이 위치한 쪽 길로는 다니지 않는 것이 현명한 생각이었다. 아이들이 벌떼처럼 몰려나오기 때문이다.

  하루는 그다지 조용하지는 않지만 시끄럽지도 않은 횡단보도 앞에 학생 몇 명이 서서 신호를 기다리는 것을 보았다. 그런데 정말 불과 몇 초 후, 특정 시간이 되자 마치 출옥하는 죄수들처럼 수백 명이 되는 학생들이 약 10분간의 자유시간을 위해 우르르 학원 바깥으로 쏟아져 나왔다. 이 '죄 없는 죄수들'은 근처 닭 꼬치 집과 분식집부터 시작해 빵집, 샌드위치 가게, 편의점을 꽉꽉 메웠다. 호떡집 앞에서 입을 데어가며 오뎅을 먹고, 샌드위치 가게 앞에서 급하게 스무디를 주문하

고, 편의점 앞에서는 급하게 컵라면을 먹는 학생들의 모습은 정말 가슴이 아팠다.

매점 안은 한 사람도 더 들어갈 수 없을 정도로 꽉 차버렸고 수많은 '죄 없는 죄수들'에 둘러싸인 주인 아저씨는 카운터 위로 올라선 채로 공중에서 돈을 받았다. 지갑과 돈, 음식들이 정신없이 섞이고 학생들은 끊임없이 들어갔다 나가기를 반복한다. 초콜릿우유, 과자, 삼각김밥, 커피, 샌드위치, 떡볶이, 오뎅, 닭꼬치 등등 수도 없는 간식거리들을 10분이라는 짧은 시간 동안 열심히 먹는 학생들의 모습은 가히 충격적이었다. 아빠와 나는 그 광경을 멀리서 지켜보며 핸드폰 카메라로 학생들이 남긴 쓰레기들이 놓인 계단의 모습을 찍었다. 마치 전쟁터를 보는 듯한 계단에는 국물만 남은 컵라면, 젓가락, 입구가 열린 채 버려진 우유팩, 삼각김밥 비닐 등 '전쟁의 잔해물'들이 휑뎅그렁하게 나뒹굴었다.

그리고 바로 5분 전만 해도 인파로 넘쳐나던 길가는 상상도 할 수 없을 만큼 고요해진다. 이것이 우리 한국 학생들의 슬픈 현실이다. 더욱 슬픈 사실은 이 전쟁이 점점 심해지고 있으며 이 전쟁에 참여하게 되는 연령대가 점점 어려지고 있다는 사실이다.

특목고에 가야만 특별해지나?

이렇게 열성적으로 학원을 보내는 부모님들의 기대는 크게 두 가지로 나누어진다. 하나는 자녀가 학교에서 빈틈없이 완벽한 내신을 받는 것. 그리고 나머지 하나는 그런 빈틈없는 내신으로 좋은 고등학교, 혹은 좋은 대학교를 가는 것. 물론 대입 준비 학원만큼 심각하고 무서운 학원은 없겠지만, 최근에는 그에 만만치 않은 새로운 세력이 떠오르고 있는 것을 목격할 수 있다. 바로 '특목고' 준비 학원이다.

다들 잘 알겠지만, 특목고는 특수목적고등학교의 준말로 외국어고등학교, 과학고등학교, 자립형 사립 고등학교 등을 하나로 묶어 말하는 단어다. 특목고를 둘러싸고 밤마다 뉴스와 시사 토론 프로그램에서 교사들과 학생들의 인터뷰가 끊이지 않고 거론된 적이 있다.

외고를 가게 되면 내신이 뒤처진다, 아니다, 내신을 덜 보게 된다, 아니다, 일반 고등학교에서 좋은 성적 받는 게 차라리 낫다, 외고에서 이과 준비하는 건 바보짓이다, 최근에 무슨 무슨 외고가 대학 입시 준비를 하기 위해 무엇 무엇에 집중한다더라, 어디 학교, 어느 학원에서 서울대, 연고대를 몇 명씩 보냈다고 한다……

학생들은 외고에 진학하기 위해 (대학교도 아닌, 직장도 아닌 고등학교를 가기 위해 목숨을 걸고 공부를 하다니!) 열심히 공부를 한다. 물론 나도 한때는 이런 학생들 중 한 명이었다는 사실을 인정하지 않을 수는 없다. 하지만 나는 명백히 공부보다는 내 목숨을 중요시했다(하지만 최근에 나도 목숨보다 공부를 중요시한 때가 있었다. 뒤에서 더 설명하겠다).

그리고 이런 학생들의 '향학열'에 부채질을 하는 학원들은 또다시 신바람이 나서 외고 특강과 설명회 광고로 길가의 벽과 바닥을 꼼꼼히 메운다. 매일 아침, 신문을 보면 수십 장의 광고지가 함께 딸려온다. 이 광고지 뭉치의 3%는 백화점 광고지, 2%는 마트 광고지, 그리고 남은 95%는 학원 광고지이다(조금 과장이 있을 수는 있지만 적어도 내 느낌에는 그랬다). 수학부터 시작해서 화학, 물리, 국어, 수능, 내신, 속독, 논술, 재수, 국사, 영어, 토플, 토익, 외고 준비, 과고 준비, 종합학원 등 매우 다종다양한 광고지들이 신문 두께만큼 쌓인 채 아침마다 우리 집 문을 두드린다.

그 많은 광고지들에는 한 명의 학생이라도 더 끌어들이려는 의도로, 좋은 특목고나 대학교 입학에 성공한 합격자들을 축하해주는 광고지들이 부속물로 따라온다. 하지만 나의 눈에는 죄없는 죄수들 얼굴로 빽빽이 메워진 광고지로밖에 보이지 않는다. 이런 광고지들은 아침마다 식탁에서 시리얼을 먹는 나의 무료함을 달래준다. 심지어 가끔은 백화점 세일 광고를 보는 것보다도 재미있다. 어떻게 생긴 아이가 어디 학교를 붙었나, 혹시 내 친구들도 있나 살피는 일은 정말 시간 때우는 데는 최고다. 이러한 광고지들끼리는 누가 더 많은 '죄수'들을 데리고 있나 불꽃 튀는 전쟁을 벌인다.

최근에 외고 입학에 실패해 자살한 학생에 대한 소식을 뉴스를 통해 들었다. 열일곱 살 꽃다운 나이에 더 좋은 고등학교에 가지 못했다고 스스로 목숨을 끊은 것이다. 아마도 그 학생은 외국어고등학교가 자기 인생의 종착점이라고 생각을 했었던 모양이다. 합격만이 자신의 전부라고 생각했을 것이다. 나는 이 사건을 접하고 어른들에게 꼭 묻고 싶어졌다. "지금 뭐 하자는 것이지요?"

그런데 이 학생의 결말. 왠지 어디선가 본 듯한 데자뷰가 느껴지지 않는가? 그렇다. 앞에서 언급했던 어떤 학원의 광고문. '공부하다 죽자'라는 그 무시무시한 문장. 자살한 학생은 머릿속으로 혼자서 아마도 자기 자신과 이런 대화를 하지 않았을까.

"공부하다 죽자. 그래, 그까짓 내 목숨보다는 공부 잘하는 것이 훨씬 중요한데 난 공부를 잘하지 못하니 죽어야 돼. 부모님들이 원하시는 대로 일등을 해야 해. 외고 합격을 못 하면 내 인생은 무의미해지는 거라고."

그런데 또 무시무시한 것은 이제 고등학교도 모자라서 '국제중학교'라는 매우 특별하고 글로벌한 이름을 가진 위대한 중학교들도 생기고 있다는 사실이다. 공부로 죽음을 불살라야 하는 연령대는 점차 낮아지고 있다.

　내 친구의 동생은 초등학생임에도 불구하고 벌써부터 앞에서 얘기한 8시간 공부하는 '학원 피크닉'을 방학 내내 즐겨야만 한다고 들었다. 내 예상에는 몇 십 년 후에는 브레이크가 없는 웨건을 타고 질주하는 학부모들이 늘어나고, 공부에 시달려야 하는 학생들의 나이는 점점 어려져 급기야 '국제유치원'을 넘어서 태아의 뇌를 자극시켜 천재아가 태어나도록 하는 치료법까지도 도입될 가능성이 있다고 본다.

　심지어 결혼도 2세의 두뇌를 고려해 가려가며 하는 일이 나타날 수도 있다. 이런 현상이 일어난다면 그건 정말 홀로코스트 못지않은 제2의 인류 학살이라고 불러도 될지 모를 일이다. 그뿐일까. 그 정도의 공부만으로는 도저히 두뇌가 발달하지 않는 열성인자를 가진 사람들은 사회에서 쓸모없는 사람으로 퇴출될 수도 있다. 자연의 섭리에 따라 다윈의 이론과 같이 인류도 공부 잘하는 우성종자만이 생존하고, 공부 못하는 열성종자들은 멸종할(혹은 멸종시킬) 그런 무시무시한 세상이 올지도 모른다.

사람은 기계가 아니잖아

 자유롭고 평등한 가족 문화를 지향하는 우리 가족이지만, 나 역시 한국에서 중학교를 다녔기 때문에 시험 성적의 공포를 경험하지 않은 것은 아니다. 당시의 성적 스트레스는 대한민국 국적을 가진 중학생 소녀가 매일 눈물에 젖은 공부에 찌들어 살게끔 만들었다.

 다양한 경험을 해야만 사람의 인성이 풍부해지는 것이라고 생각하기 때문에 나는 '엄마한테 문자 보내는 것이 무서웠던' 그 옛날의 짧은 경험을 무조건 나쁜 경험이었다고는 생각하지 않는다. 하지만 이것도 다 겪어본 후에나 할 수 있는 여유 있는 소리이고, 한참 중학교를 다닐 당시에는 중간고사와 기말고사 결과들이 내 침을 바짝바짝 마르게 했다. 시험을 본 후 쉬는 시간에 소리를 지르며 친구들과 답을 맞추며 동그라미 하나에 웃고, 우수수 떨어지는 작대기들에 눈물짓는 일들은 정말 고역이었다.

친구들의 시험지를 돌려보고 가채점을 할 때마다 빨간 작대기의 수는 늘어갔고 내 눈과 코도 점점 빨개지곤 했다. 그리 오전 11시쯤 그날의 시험이 다 끝나고 나면 복도 창가를 바라보면서 아빠한테 문자를 먼저 보냈다. "아빠 나 시험 잘 못 봤어. 평균 ○○점이야."

그리고 이어서 엄마에게 바로 같은 문자를 보내게 되면 핸드폰을 통해 끓어올라 폭발하기 직전 상태인 엄마의 숨소리를 들을 수 있었다.

그래서 나는 엄마의 화를 최대한 누그러뜨리기 위한 노력을 했다. 아빠라는 완충제를 통해 건너가면 피해가 조금 덜 올까 싶어 항상 희망을 가지고 아빠한테 먼저 전화했다. 그러면 언제나 내 편에 서주는 아빠는 최대한 엄마의 화를 누그러뜨릴 수 있도록 노력을 하며 성적소식을 전달해주었다. 내가 아빠한테 문자를 보내고 10분 안에 아빠가 먼저 엄마에게 연락을 해 불같은 화에 물을 조금 끼얹은 후가 되면 엄마는 나에게 전화를 했다.

이윽고 나는 울면서 전화를 받으며 엄마가 내뱉는 모노톤의 단어 몇 마디를 들어야 했다. 일명 엄마의 '5단어 이내 사형선고'다. 엄마의 질문과 대답은 한 번에 다섯 글자를 넘지 않는다.

"어느 과목?"

"몇 개?"

"왜?"

"몰랐어?"

"그래서?"

"딴 애들은?"

"그런데?"

"그럼?"

"평균은?"

"어."

"집으로 와."

그리고 뚝—

그러면 나는 핸드폰을 주머니에 넣고 천천히 구겨진 시험지를 쥐고 집으로 걸어간다. 이런 생활과 학원에서의 적응 실패가 연속되자 어느 일요일 오후에 아빠, 엄마, 나는 여느 때처럼 거실 소파에 앉아 진지하게 대화를 나누었다.

가족 모두는 1년에 무려 네 번이나 정기적으로 이렇게 전쟁을 치르는 것에 대해 반대했다. 특히 아빠가 크게 반대했다. 사람이 사는 데 있어 '행복'이 가장 중요한데 이렇게 전쟁을 반복적으로 치를 수는 없다는 것이었다. 이윽고 아빠의 설득이 시작된다. 아빠는 엄마에게 언제나 그러듯이 '본질이 가장 중요하다' '과정이 중요하다'와 같은 전형적인 '아빠의 교리'를 강조했다. 아빠의 강론이 이어지면 집안 분위기는 엄숙해졌고 엄마는 소파에 앉아 계속 착잡한 표정으로 허공을 쳐다보며 들었다.

　우리 집의 최하층민 아빠가 엄마한테 유일하게 양보하지 않는 부분이 있다면 바로 이런 자녀교육 부분이다. 언젠가 우리 가족이 모여 나의 낮은 성적에 대해 회의를 하는 자리가 있었는데 엄마는 나에게 집중적으로 질문을 퍼부었다. "그거는 왜 또 틀린 건데? 지난번에 얘기하지 않았어? 이렇게 하면 된다고 하지 않았어? 책 자세히 보면 되는 거라고 하지 않았어? 왜 한 실수를 또 하는데? 왜 안 고쳐지니 그게?" 그때 나는 우물쭈물하며 내 자신을 변호하려고 하고 있었는데 아빠가 옆에서 대신 대답을 해주었다.

"사람이 그렇게 빨리 변해? 한번 입력하면 그다음부터는 바로 고쳐져? 사람이 전기 스위치야? 애들이 동전 넣으면 작동하는 기계야?" 이러면서 반박이 가능하지 않은 적합한 논리들을 척척 내세워 나를 위기에서 구출해준 적이 있었다. 당시 나는 우리 가족들이 나누는 대화의 심각성을 매우 잘 알고 있었지만 동전 기계 논리를 펼치는 아빠의 동전 넣는 행동과 말투를 참지 못하고 작게 웃음을 터뜨렸다. 물론 엄마와 아빠의 공개적인 합의가 일어나기까지 나는 마음 놓고 웃을 수 없었다. 하지만 아빠가 강조하던 공부 방법을 통해 조금씩 성과를 만들고 증거를 보여주자 엄마의 얼굴에서 걱정스런 기색은 사라지기 시작했다. 시간이 흘렀고 요즈음 엄마는 아빠의 복사본이 되었다. "연아, 본질이 중요한 거야"라는 아빠표 멘트에서부터 "괜찮아, 과정이 중요한 거야. 열심히 했잖아. 결과는 신경 쓰지 말자. 힘내고" 등과 같은 예전의 엄마에게서는 듣기 힘들었던 긍정적인 '토닥토닥' 멘트를 들을 수 있었다.

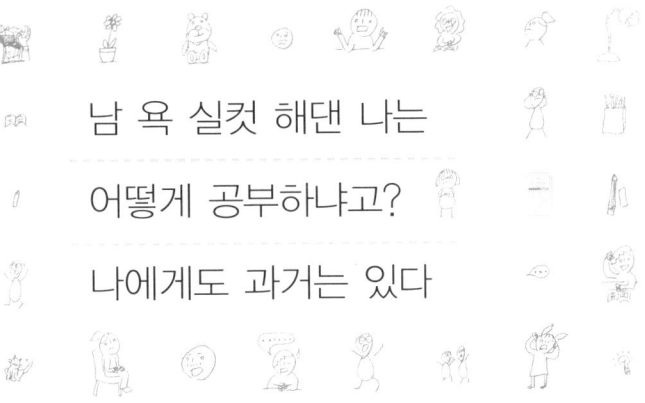

남 욕 실컷 해댄 나는
어떻게 공부하냐고?
나에게도 과거는 있다

나는 전형적인 한국의 중학생으로서 힘들게 성적 평가의 고역을 버티며 3년을 살았다. 그러나 나에게는 운 좋게도 나를 이해해주는 아빠라는 독립투사의 도움이 있었다. 독립을 외치며 나의 인격적인 해방을 주장해준 아빠 덕분에 나는 비교적 덜 억압받는 학교생활을 했다. 이러한 평화의 투쟁과 자유주의 혁명을 일으켜 얻어낸 나의 독립적인 생활은 다른 친구들의 생활과는 비교할 수 없이 달랐다.

방학 때 나는 아침에 일찍 일어나 부모님과 아침식사를 하고 도서관에 가서 도스토예프스키의 『죄와 벌』을 읽고, 낮에는 미술학원에 가서 그림을 그렸다. 그리고 다시 집에 돌아오면 숙제를 하고, 저녁에는 엄마와 9시 뉴스를 보며 시사공부를 하고, 아빠가 들어오면 같이 놀거나 가족들과 그날 있었던 일들을 이야기했다. 내가 이렇게 한국 학원들을 피하고 내 나름의 교육관을 가질 수 있었던 이유는 물론 앞에서도 얘기했던 것처럼, 아빠 덕분이었다.

아빠의 공부에 대한 생각은 확실하고 분명하다. 아빠는 공부를 목적이 아닌 수단이라고 강조한다. 논리적으로 한번 잘 따져보자. 공부는 왜 하는 걸까? 똑똑해지기 위해서? 좋은 대학교를 가기 위해서? 좋은 직장을 얻기 위해서? 돈을 많이 벌기 위해서? 안정된 삶을 살기 위해서? 그렇다면 안정된 삶을 살고 싶어하는 이유는? 결국에는 행복하기 위해서 아닌가?

지금까지 어디에다 내세우기에는 너무 짧은 시간인 19년의 삶을 살아본 결과, 나는 삶에 대한 한 가지 결론을 얻을 수 있었는데 그것은 바로 인간이 하는 모든 행동의 궁극적 목적은 '행복'이라는 것이다. 이런 기준에서 본다면 공부는 인생에서 그다지 큰 부분을 차지하지 않는 일이라고 생각할 여유가 생긴다. 그저 행복을 위한 수단일 뿐인 것이다. 인생에서 학교 성적 1등만이 유일한 답이 절대 아니다.

이와 같은 가치 기준에서 본다면 공부를 할 때 중요한 것은 결과가 아니라 과정이라는 결론이 나온다. 그렇다고 공부의 결과가 전혀 중요하지 않다고 하는 것은 아니지만, 다만 최고만을 바라보고, 최고가 되기 위한 전쟁을 해야 하는 것은 아니라는 뜻이다.

과정을 중시하고 맥락을 중시하는 학습관은 아빠가 재수할 때 배운 공부 방법이라고 한다. 아빠가 알려준 방법은 본질에 충실한 공부인데, 이런 맥락에 따른 공부는 장기적으로 보았을 때 매우 효율적이다. 우리나라 사회 문제집에 나온 매우 깔끔하고 간략한 요약정리를 보고 아빠는 이렇게 말한다. "사회는 암기 과목이 아니라 이해 과목인데?"

그러나 현실을 살펴보면 대부분의 학생들은 사회를 암기 과목으로 알고 그저 외우며 공부할 뿐이다. 서점에 가보아도 많은 사회 문제집이 '암기 노트'라는 단어를 제목으로 달고 팔리고 있다. 하지만 사회는 암기보다도 역사적인 문맥과 흐름을 파악해야만 공부를 할 수 있다. 외우기만 한다면 문제집에서 풀어보고 외운 문제들만 풀 수 있게 된다. 반면에 문맥을 이해하고 있다면 그 주제에 대한 어떠한 문제가 나오든 간에 흐름을 파악하고 있으니 풀지 못할 문제가 없다.

우리나라 문제집들의 요약정리 수준은 거의 신의 수준에 가깝다. 필요한 모든 정보가 아름답고 질서정연하게 표로 만들어져 두세 페이지 안에 16~17세기 유럽에서 벌어진 중요한 전쟁들과 개혁들의 원인과 결과가 분석, 요약, 비교, 대조되어 있다. 하지만 이해를 하지 못한 채 이런 요점 정리된 것만 달달 외우게 되면 벼락치기 공부에는 도움이 될지언정 겉핥기 식 공부 습관만 기르게 된다.

예를 하나 들어보자. 우리나라 사회 문제집에 나오는 표를 보자. 교황의 면벌부 판매에 대한 이야기를 보면, 학생들은 아마 이 표를 보면 그저 '면벌부, 면벌부, 루터는 면벌부'라고 외우는 일에 바쁠 것이

● 르네상스의 전개

특징
1. 개인의 부활
2. 휴머니즘 정신의 탄생
3. 세계, 자연을 그대로 인식
4. 자연과학 발전

이탈리아 르네상스
- 배경: 로마문화 전통 잔존
  지중해무역 → 부 축적
  이슬람 비잔티움 교류 (Islam, Byzantine)
- 내용: 인문주의자: 페트라르카, 보카치오, 마키아벨리
  미술: 다빈치, 미켈란젤로, 라파엘
  건축: 르네상스 양식 (성베드로성당)
- 쇠퇴: 정치분열 → 혼란
  신항로 개척 → 지중해무역 쇠퇴

● 종교개혁의 전개

루터 (Martin Luther)
- 배경: 면벌부 판매
- 경과: 95개조 반박문 (1517) → 보름스국회 (1521) → 동맹결성
- 결과: 아우크스부르크 화의 (1555), 루터파 인정

칼뱅 (Calvin)
- 배경: 예정설, 직업 소명설 (상업자들의 지지)
- 경과: 상업자들 중심으로 퍼짐
- 결과: 이후 근대자본주의 확립에 기여

영국
- 배경: 헨리 8세의 이혼 문제, 막대한 교회 재산
- 경과: ☆ 수장령, 통일령 (Eliz. I)
- 결과: 특징 정치 경제의 영향 받은 개혁

가톨릭 대응
- 트리엔트 공의회 (Council of Trent)
- 예수회 설립 (Jesuit)
- 종교재판강화 → 종교분쟁초래

다. 하지만 중요한 것은 무작정 외우는 것이 아니라 왜 이런 생각이 떠오르게 되었는지 전체적인 역사의 흐름은 어땠는지 파악하는 것이다. 그래야만 이해가 되고 암기도 효과적으로 될 수 있다. 루터는 왜 교회를 향해 질문을 하기 시작했는지, 사회적인 맥락에서 루터가 등장하기 이전에 어떤 사건들이 있었는지(예를 들어 백년전쟁, 교회의 대분열, 십자군, 쇠퇴하는 교회의 세력, 그리고 막 시작되던 르네상스), 어떤 환경이 루터 같은 사람의 탄생을 가능하게 했는지, 루터의 혁명적인 생각이 어떻게 쉽고 빠르게 전파되었는지 등등 꼬리에 꼬리를 무는 맥락을 이야기처럼 이해해야만 하는 것이다.

하지만 나 역시 초반에는 효율적이지 못하게도, 이해보다는 암기를 중요시하면서 사회를 공부했다. 내가 사회 과목에 흥미를 붙이지

못하는 것을 보자 아빠는 공부하는 방법을 알려주었다. 아빠가 해준 것은 간단했다. 일요일마다 서재에 같이 앉아 교과서를 읽어주었다. 우선 사회과부도와 온갖 지도는 필수로 옆에 챙겨두고 교과서를 한 쪽 한 쪽 정독했다. 사회 책 4쪽을 읽는데 2시간이 넘게 걸렸다. 흐름을 파악하면서 이해를 하면 달달 외워야 할 용어들의 의미를 알 수 있게 되고 그러면 외우는 것도 훨씬 수월해진다. 이런 식으로 공부를 하게 되면 어떠한 문제나 질문이 나오든지 간에 모든 방면으로 대답을 할 수 있다. 아빠의 과외 수업은 1년 동안 중간고사 때 2번, 기말고사 때 2번씩 이루어졌다. 그 후 사회는 내가 가장 좋아하는 과목이 되었다. 아빠는 주말에 과외를 해줄 때마다 항상 철저한 준비를 했다. 우선 든든한 아침을 먹고, 낮잠 2시간을 잤다. 그러고는 물 한 컵을 가지고 서재로 들어온다. 이렇게 몇 차례 아빠의 '제대로 공부하기' 강의를 들은 후 나는 진정한 공부의 재미를 찾기 시작했다.

아빠 연아, 그런데 요즘 공부가 재미있지?

연이 응

아빠 모르는 걸 알게 되고, 그러고 나면 보이는 게 달라지고

연이 이렇게 시간 있을 때나 공부 많이 하지. 가자지역, 웨스트 뱅크, 벨푸어 선언, 수에즈운하 국유화…… 또 뭐가 있더라. 아, 최근 스리랑카 대통령의 이름을 알고 있다는 게 좋아. 타밀 타이거도 알고.

아빠 그러니까. 그 즐거움을 나는 군대 갔다와서 스물일곱 살에 처음 알았는

> 데…… 에구, 내 인생…….
> 연이 ㅋㅋㅋㅋㅋㅋㅋㅋㅋㅋ 멀쩡한데 왜?
> 아빠 너는 벌써 알았으니 얼마나 좋아.

    나는 내가 배운 사회 공부법을 안타깝게도 주먹구구식으로 공부를 하는 친구들에게 전파시켜주기 위해 학교에서 작은 역사 튜터링 그룹도 만들었다. 나와 비슷하게 역사 과목을 좋아하거나 공부하는 법을 아는 친구들을 모아 도움이 필요한 학생들을 위해 교과서 내용을 같이 훑어주거나, 사회적인 맥락에 대한 정보를 제공해주거나, 특정 내용의 근본적인 중요성과 의미가 무엇인지 도와주는 히스토리 튜터를 이번 겨울방학 전에 결성했다. 아직 생긴 지 얼마 지나지 않아 많은 도움 요청이 들어오지는 않았지만 학교 캠퍼스 곳곳에 우리를 알리는 공고문을 붙여두고 활동 중이다. 모쪼록 이 역사 튜터링 그룹을 통해 친구들이 더 바람직하고 재미있는 방법으로 역사라는 과목을 접했으면 좋겠다.

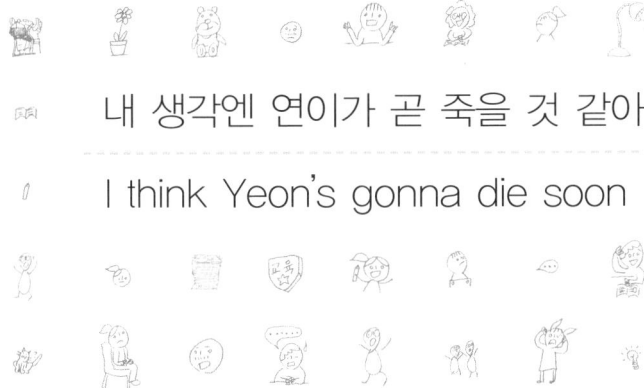

내 생각엔 연이가 곧 죽을 것 같아
I think Yeon's gonna die soon

최근에 나는 3년간의 고등학교 생활을 통틀어 가장 중요한 시험 네 개를 봤다. 내가 죽을 고비를 넘기며 무사히 본 시험들은 'Advance Placement'로 (혹은 AP) 고등학교에서 정규 대학교의 1년 과정을 미리 공부하여 나중에 미국 대학교에서 인정을 받을 수 있는 과목들에 대한 시험들이다. 워낙 중학교 이후부터 공부에 대한 압박이 없었던 나였지만 대학교를 지원하기 전에 반영되는 마지막 점수이기 때문에 시험을 잘 봐야 한다는 압박감이 심하게 나를 눌렀다. 올해 내가 치른 시험 과목은 물리학, 미적분학, 미술사, 세계사였는데 앞의 세 과목은 1년 동안 학교에서 수업을 들으며 시험 준비를 할 수 있었다. 하지만 세계사는 혼자서 공부해 시험을 보기로 올해 초반에 결정을 했기 때문에 학교 선생님들의 허락을 받고 스스로 공부를 했다. 하지만 모두들 알다시피 세계사는 인류가 두 발로 걷기 시작했을 때부터 어제까지 벌어졌던 전 세계의 이슈를 포함하는 엄청난 분량의 과목이다.

앞에서도 말했지만 나는 우리나라 학부모들이 자녀의 목숨과 공부 중 공부를 더 중요하게 생각하는 것처럼 보인다고 말한 적이 있다. 그런데 그런 양자택일의 상황에서 공부를 선택해야만 하는 일이 나에게도 생기고 말았다. 시험을 보기 한 달 전, 나는 한 친구로부터 이런 말을 들을 정도였다. "I think Yeon's gonna die soon.(내 생각에 연이가 곧 죽을 것 같아)" 아니, 공부하다 죽으라는 광고 문안을 보고 지적질을 했던 내가 공부를 하다가 죽게 되다니. 하지만 그럴 수밖에 없는 상황이었다.

당시 나의 심적 상태는 다음과 같았다. 무엇보다 잠을 자는 시간이 너무 아까웠다. 새벽 3시 전에 자면 다음날 죄책감 때문에 괴로웠다. 그리고 문제를 풀었는데 오답이 많으면 가슴이 찢어졌다. 실력이 늘지 않는다고 판단이 될 때는 손에 잡히는 모든 참고서와 문제집을 먹어치울 정도의 비장함으로 똘똘 뭉쳐 있었다. 또 그 비장함만큼 세계사를 공부하는 동안에는 누군가에게 지는 것이 정말 싫었다. 그래서 내려진 결론은, 내가 가진 자원을 모두 활용해서 시험을 잘 봐야겠다는 것이었다.

나의 심리적인 상황이 그랬기 때문에 나는 이틀에 한 번 꼴로 뜬눈으로 새벽 6시에 해가 뜨는 모습을 보며 아름답고 감동적인 아침을 맞

이할 수 있었다. 그뿐인가. 모두가 자는 새벽 3시, 잠에서 깨기 위해 세수를 하러 분주하게 화장실을 왔다 갔다 했다. 나의 하루는 30분 단위로 쪼개졌고 그때그때마다 공부할 계획을 세우고 무조건 지키려고 했다.

가장 크게 문제가 되었던 것은 잠이었다. 나는 태어나서 처음으로 진심으로 잠을 자는 시간이 아까웠다. 물론 우리 몸의 건강과 균형 잡힌 생활 리듬을 위해서는 잠이 꼭 필요한 요소라는 사실은 인정하지만, 잠을 덜 자면 시간이 얼마나 많이 생기는지를 깨닫고 그 시간마저도 잘 활용해보고 싶었다. 사실 나는 수학 시험을 보기 전날 항상 적당히 자는 버릇이 있었다. 잠을 덜 잔 다음날 본 시험을 여러 번 망친 경험이 있었기 때문이다. 그런데 일분일초가 소중한 상황에서 나는 잠 때문에 공부 시간을 줄일 수가 없었다. 결국 나는 수학 Mock AP(실제 AP 시험을 보기 전 선생님들과 보는 연습 시험으로, 시험 문제뿐만 아니라 실제 시험과 같이 환경을 조성해서 보는 모의 시험이다. 실제 시험을 볼 때 감독관이 읽어주는 지시사항까지 똑같이 읽어준다)를 보기 3일 전부터 잠을 대폭 줄이고 1999년부터 2009년까지 10년 동안 출제된 기출 문제를 모두 다 풀어보았다. 이 문제들을 다 풀어보면 연습 시험을 잘 본다는 보장이 있었기 때문에 나는 공책 한 권을 다 써가며 밤을 새 공부를 했다. 그리고 시험보기 전날 잠을 충분히 자지 않으면 시험을 망친다는 징크스를 당당히 깨고 지금까지 봐왔던 시험들 중 가장 좋은 성적을 얻을 수 있었다.

문제는 오히려 세계사 공부를 하면서 생겼다. 워낙 역사 과목을 좋아했던 터라 나는 기존에 수업을 들어본 적이 없었던 세계사 시험을 스스로 공부를 하고 보겠다고 도전했다. 그러나 생각과는 다르게 문제를 풀면 절반 이상이 비가 오듯 우수수 작대기를 그리며 틀리기 십상이었다. 다른 사람의 압박 때문이 아니라 스스로 선택한 공부의 결과가 좋지 않자 스스로에게 화를 내는 시간들이 이어졌다. 하지만 기분이 가라앉을수록 나는 나 자신을 죽여가면서 밤을 새고 책을 더 읽고 계속해서 정리 노트를 만들며 문제집들을 신들린 사람처럼 집중해서 풀었다.

나는 인간 집중력의 한계가 어떤지 알고 싶었고, 내 능력과 노력의 결과를 시험해보고 싶었다. 시간이 흘러간다는 개념조차 잊었다. 그저 시간이 모자라고 1분이 한 시간으로 늘어나기만 했으면 하는 바람으로 가득 차 있었을 뿐이다. 얼마나 죽을힘을 다해서 공부를 했는지 오히려 부모님이 걱정을 하며 쉬엄쉬엄 공부를 하라고 할 정도였다. 이렇게 시험 준비를 하던 중 내 방은 엄청난 상태에 이른다. 한 달간 청소도 하지 못한 것이다. 책, 문제집, 참고서, 프린트물들은 바닥에 쌓여갔다. 엉덩이를 떼지 않고도 앉은 채로 모든 책들이 손에 닿게 세팅을 해놓고 공부를 했기 때문이다.

그리고 드디어 결전의 미술사 시험을 보기 전날 밤. 그날도 문제를 풀었는데 역시나 오답이 많았다.

어두운 녹색의 카펫은 사라져가는 늪지대,

햇빛 받고 무럭무럭 자라는 내 옷더미,

바람에 흩날려 나날이 너저분하게 정리 안 되는 침대 이불

그리고 자주 발에 밟히는 책들.

내 방은 밀림.

포스트잇과의 총격전,

펜과의 씨름,

그리고 책과 몸싸움을 나누는 배경인

폭격맞은 내 책상.

게다가 내가 공부를 하지 않은 부분에서 나오는 문제들이 많아 도대체 얼마나 많은 양을 다시 공부해야 하나싶어서 막막하기만 했다. 또다시 스트레스가 밀려오기 시작했다. 나는 답답한 마음에 침대에 누워 아빠한테 문자를 보냈다.

"아빠, 나 이 시험들 다 망칠 것 같아. 실패야 이건."
(I think I'm gonna fail these exams)

이윽고 아빠에게서 답이 왔다.

"연아, 중요한 건 네 자신감이야. 다른 건 필요 없단다. '실패'는 사실이 아니라 의견이야. 무슨 일이 생기더라도 '실패'라는 의견은 절대 듣지도 말고 받아들이지도 마. 넌 이미 대단해."
(What matters is your confidence! Nothing else. 'Fail' is just an opinion. It is not a fact. Don't ever accept the opinion of 'Fail'. You are great already. No matter what happens.)

그리고 지금. 시험은 모두 끝났다. 나는 공부를 하는 동안 인간으로서의 내 한계를 시험해봤기 때문에 미련이나 후회는 없다. 그 덕분인지 지금은 어떤 걱정도 없이 행복을 느끼며 일상을 보내고 있다. 이번에 세계사 공부를 하면서 느꼈던 것 중 가장 중요한 건 미련이 남지 않게 최선을 다해야 한다는 점이었다. 내 한계의 100퍼센트를 모두 사용해야만 시험을 잘 보지 못하더라도 속이 상하지 않으니까.

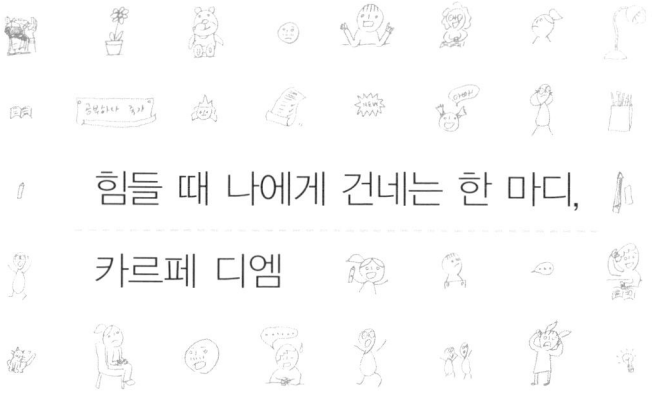

힘들 때 나에게 건네는 한 마디, 카르페 디엠

사람들에게 좌절은 다양한 얼굴로 찾아온다. 그건 사람들마다 행복을 느끼는 기준이 다르고, 목표하는 바가 다르기 때문이다. 무사히 AP 시험을 마친 나에게도 좌절과 번뇌의 시간은 그렇게 갑자기 예상치 못하게 찾아왔다.

   시험을 마친 주말, 나는 오랜만에 친구와 놀이공원인 식스 플래그스six flags공원에도 가고, 올해 들어 잠도 실컷 자고 쉴 수 있었다. 이 모든 후련함과 편안함은 내가 열심히 공부한 것에 대한 대가였다. 하지만 나의 행복은 길지 못했다. AP 시험이 끝난 후 선생님은 미술사 수업 때 성적을 올리고 싶은 학생들에게 특정 주제에 대해 10~15분 정도의 프레젠테이션을 준비하라고 기회를 주셨다. 사실 나는 시험을 모두 마치고 나서 아무것도 하고 싶지 않았다. 하지만 또 어찌될지 모르는 일이었기 때문에 시험이 끝나고 5일이 지난 후, 미술사 선생님께 지금까지 내가 받은 성적을 물어보았다. 필요하면 프레젠테이션을 할 생각이었다. 그런데 선생님을 통해 들은 나의 성적은 충격적이었다. 내가 예상했던 것보다 두 단계는 낮았던 것이다. 선생님은 내게 봄학기 수업태도 성적이 B였기 때문이라고 알려주셨다.

 시험 준비 때문에 밤을 새는 일이 잦다보니 아무래도 수업시간에 집중이 덜 되기도 하고, 졸기도 하고, 늦잠을 자느라 수업을 가끔 빠지기도 했던 탓인 듯했다. 하지만 아무리 그렇다 하더라도 봄학기 성적을 완벽하게 유지해서 언제나 좋은 점수를 받곤 했기 때문에 괜찮은 줄로만 알았다. 그런데 태도 하나로 나의 성적은 바닥에 곤두박질치고 만 것이다. 결국 나는 남은 일주일 동안 허겁지겁 프레젠테이션을 준비하게 되었다. 조금이라도 성적을 올리는 데 도움이 될까 싶은 마음에 나름 많은 시간을 투자해 주말 내내 마치 AP시험 전 주말과도 같은 데자뷰를 느끼면서 또다시 의자에서 엉덩이 한 번 떼지 않고 공부를 해야만 했다.

 문제는 이것뿐만이 아니었다. 봄학기가 시작할 즈음 나의 수학 선생님이 바뀌는 일이 있었다. 정확히 말하자면 원래 지도해주시던 선생님이 가을 학기에 못 나오시게 되시자 다른 보조 선생님이 한 학기 동안 가르치시게 된 것이다. 환경이 바뀌면 언제나 적응의 시간이 필요하기 마련이다. 역시나 갑작스럽게 바뀐 새로운 선생님과 공부를 하는 것은 쉽지 않았다. 결국 초반에 망친 두 개의 테스트 때문에 나의 봄학기 수학 성적은 걱정이 될 정도로 좋지 않았다. 다행히 열심히 공부를 해서 성적을 메우기는 했지만 역시나 미술사 프레젠테이션을 준비하는 것처럼 수학 프로젝트도 준비할 필요가 있었다.

그런데 아뿔싸! 1년 내내 학교를 다니며 아침 7시 알람 소리에 일어나지 못했던 적이 없던 내 몸이 말을 듣지 않았다. 새벽 5시에 잠을 들어도 7시면 항상 일어났던 나였는데…… 수학 프레젠테이션이 있던 그날 아침 나는 아침 8시에 교실에서 수학 프레젠테이션을 하고 있어야 했지만, 눈을 떠보니 시계는 오전 10시를 가리키고 있었다. 계속해서 혹사를 시켰더니 내 몸이 나에게 제대로 복수를 한 것 같았다.

결국 나는 선생님에게 자초지종을 설명했고 다행히 선생님은 다음 날 프레젠테이션을 할 기회는 주신다고 했다. 하지만 원래 점수의 어느 정도를 받을 수 있는지는 학교 측과 상의를 해보겠다고 하셨다. 그리고 그날 저녁, 나는 이메일 한 통을 받았다.

연이에게
연아, 선생님이 오늘 학생부에 네가 아침에 수업을 오지 않아 프레젠테이션을 하지 못하게 된 일을 얘기해봤단다. 그런데 이수할 수 있을 만큼의 점수를 주지 못한다고 하더구나. 네가 숙제를 했기 때문에 50점을 줄 수는 있지만, 프레젠테이션을 하지 못한 점 때문에 나머지 50점을 줄 수가 없게 됐단다.
그럼 내일 수업 시간에 나머지 3명이 프레젠테이션을 한 후, 남는 시간에 네가 하는 프로젝트에 대해 얘기할 준비를 해오렴.
미안하다.

선생님의 이메일을 받자 또다시 눈물이 터졌다. 아침에 한 번 일어나지 못한 탓에 한 학기 내내 밤을 새며 열심히 공들였던 탑이 와르르 무너진 것이다. '박연의 절망 시리즈'는 이것들로 끝이 아니었다.

이 일이 있기 일주일 전 쯤, 나는 또 하나의 가슴이 찢어지는 소식을 들었다. 학교의 미술잡지 리더를 하지 못하게 된 것이다. 솔직히 말해서 그때까지만 해도 미술과 관련된 분야는 내가 꽉 쥐고 있는 줄 알았다. 하지만 선발 기준에는 내가 가지고 있지 않은 또 다른 부분이 있었다. 바로 얼마나 아이들과 어울려 다니며 리드를 할 수 있냐는 것이었다. 그러고 보니 올 한 해 동안 나는 지옥 같은 시험들을 준비하느라 친구들과 많은 소통을 하지 못했다. 전혀 만족스럽지 못한 성적, 예상 밖의 저조했던 교외 활동 결과들은 나를 충분히 괴롭히고 있었다.

그리고 결정적인 사건이 찾아왔다. 심리적으로 자신감을 푹푹 꺾는 일들의 연속이던 어느 날. 학교에서 11학년 학생들에게 상을 주는 날이 되었다. 각 과목별로 우수한 학생들에게 과목상을 주고 몇 군데의 대학교에서 우수한 학생들에게 장학금을 주는 행사였다. 나는 내가 상을 받을 것이라고 확신한 것은 아니었지만 솔직히 말해 지금까지 열심히 해온 것을 보았을 때 조금은 기대를 해볼 만하다고 생각을 했다. 게다가 옆에 있는 친구는 계속해서 수여되는 상들의 이름이 적힌 팸플릿을 가리키며 "연아, 너 이거 받을 것 같아"라며 계속 내 기대에 바람을 불어넣었다. 그러나 기대의 풍선은 날아오르긴커녕 바로 빵! 터져버렸다. 나는 상을 한 개도 받지 못했다(게다가 다른 친한 친구가 상을 3개나 받기도 했다). 왠지 지금까지의 노력을 생각했을 때 불공평하다는 생각이 들었다. 슬프고 화가 났다. 하지만 아무렇지 않은 척 웃으며 행사를 마치고 강당을 걸어나왔다.

아, 그런데 이건 또 무슨 일인지. 기숙사로 돌아오자 또 우울한 소식이 나를 기다리고 있었다. 내가 그토록 원했던 학교 미술잡지 리더를 한 명이 아니라 두 명을 뽑았다는 것이다. 두 명을 뽑는데도 리더를 하지 못하다니! 나는 비명을 지르고 싶었다. 내가 꼭 하고 싶은 분야의 일과 관계된 미술잡지 리더에 내 자리가 없다는 사실에 눈물이 났다.

결국 나는 울면서 행사가 끝난 밤, 어드바이저를 찾아갔다. 어드바이저는 명쾌한 답을 주지는 못했다. 리더를 뽑는 기준이 달랐을 뿐이라고 말해주셨다. 나는 분노에 찬 울음을 터뜨리면서 왜 이 상황을 받아들일 수 없는지, 왜 내가 시간을 투자하고 100% 노력하는 일들에 대한 대가가 없는 건지 이해가 되지 않는다고 하소연했다. 결국 그는 미술잡지 담당 선생님과 만나 이야기를 해보는 것이 가장 좋겠다고 말해주셨다.

나는 겁 없이 내 방 아래층에 살고 계셨던 미술잡지 담당 선생님을 곧바로 찾아갔다. 울고 있는 나를 본 선생님은 우선 들어오라고 하셨다. 나는 소파에 앉아 지금까지 쌓였던 억울함을 표현했다. 리더를 하지 못한 이유는 이전에 설명해주었던 이유와 같았다. 나는 결국 그 사실을 받아들이기로 했다. 공부에 집중을 하느라 친구들과의 소통을 소홀히 했던 것은 분명히 내가 놓쳐버린 부분이었기 때문이다.

대신 선생님은 나에게 새로운 도전 과제를 제시해주셨다. 선생님은 학교에서 배우고 있는 미술을 좀더 확장해 배우는 모습을 보고 싶다는 것이다. 나는 새로운 비전을 찾게 되면서 우울한 기분을 조금은 떨어내고 선생님과 30분간 긴 대화를 나누었다. 올해 나의 학교생활에 대한 반성, 공부하면서 힘들었던 일들, 그리고 어떻게 미술 공부를 할지에 대한 고민들을 나누었다. 그리고 다음날 오후, 선생님에게 이메일 한 통을 보냈다.

니콜 선생님께

선생님, 오늘 저의 이해하기 힘든 말들을 조용히 들어주셔서 감사합니다.
사실 너무 많이 울어서 오늘 하루 종일 눈이 탱탱 부어 반밖에 떠지지 않는데, 이렇게 울고 나니 기분은 좀 나아진 것 같네요. 물론 여전히 제 성적이 마음에 들지 않습니다. 하지만 지금 할 수 있는 최선은 최대한 안 좋은 일들은 빨리 잊어버리고 다음에 해야 할 일이 무엇인지 생각하는 것임을 알았어요.
지금 염두에 두고 있는 것들 중 하나는 제가 만든 미술 작품을 많은 사람들이 볼 수 있도록 널리 알리는 일입니다. 제가 어젯밤에 얘기했듯이 유니키파이(Uniqueify) 프로젝트를 한 후 배운 사실인데 제가 즐기면서 하는 것으로 다른 사람들에게도 즐거움을 줄 수 있단 걸 알았어요. 최근에 제가 가장 기분이 좋을 때는 유니키파이 프로젝트 블로그를 둘러볼 때랍니다. 블로그를 볼 때마다 저 자신이 낯 뜨겁게도 자랑스러워져요. 제 재능을 남을 위해 쓴다는 점이 너무 큰 기쁨입니다.
전 큰 작품을 하는 걸 좋아하는 것 같습니다. 벽화나 설치미술도 좋아하고요. 사실 뭐든 그리거나 꾸미는 일이라면 좋아요. 선생님 혹시 이런 일을 할 수 있는 곳들에 대한 정보들을 알고 계시나요? 대회라든지 제 미술작품들을 전시할 수 있는 공공장소에 대한 정보들이요. 그럼 답변 기다리고 있겠습니다.

그리고 한 시간 후, 선생님으로부터 답장을 받을 수 있었다.

연이에게

받아들이기에 힘든 말들이지만 들으려고 노력하는 점과 내 결정에 대해 화를 표현하지 않는다는 점, 높이 산다. 연이가 말했듯이 연이의 에너지와 최선의 노력을 미술 작품을 만들고 알리는 데에 쏟는 건 좋은 방법인 것 같아. 선생님 생각에 연이의 그런 노력들이 엄청난 결과물로 나타날 거야.
스케일이 큰 미술 작품들을 만들고 전시하는 건 좋은 아이디어인 것 같구나. 내가 대회나 전시회가 열리는 장소 등에 대한 정보를 찾아줄게, 언제 한 번 더 자세히 얘기하기 위해 만날 수 있겠니? 화요일 방과 후 어때?
선생님은 연이가 갖고 있는 가능성을 살려 아티스트로 성장하는 것을 보면 아주 흥미로울 것 같단다. 하지만 때로는 위험을 감수하려는 네 적극적인 성향 때문에 연이가 가진 실력을 펼치지 못하는 일도 생길 것 같아. 그렇지만 어젯밤 나를 찾아와 대화를 시도한 건 매우 용감한 행동이었단다. 이 사건을 계기로 새로운 단계를 밟아나가는 게 아닌가 싶구나.
연아, 솔직히 말하자면 더 이상 잃을 게 없는 사람들이 가장 위대한 미술 작품을 만들어낸단다. 이번에 연이가 겪은 일들이 어쩌면 연이가 한 단계 성장하는 데 디딤돌이 될지도 모르겠어. 그러면 다음주에 언제 만날지 약속 잡아보자꾸나. 연말고사 잘 보렴.

니콜 선생님이

추신
연이의 유니키파이 블로그 주소를 좀 알려줄래? 더 자세히 보고 싶구나.

최근에 공부를 하면서 정말 살고 싶지 않을 정도로 괴롭고 힘들고 아프고 배신감을 느끼는 일들이 많았다. 아마 여기까지 읽은 독자들은 나에게 질문할 것이다. "아니, 초반에는 '공부하다 죽자'라는 말

을 그렇게 비꼬더니, 이건 무슨 변덕이람?"

하지만 앞에서 얘기했던 대부분의 한국 학생들(물론 내가 모든 학생들을 알고 있는 건 아니지만)과의 차이점은 분명히 있다. 나는 스스로 이렇게까지 욕심을 가지고, 이가 아스러질 때까지 꽉 물고, 허리 디스크가 올 정도로 앉아 있고, 머리를 감은 게 언제인지 까먹을 정도로 공부를 해본 적이 없다. 그것도 내가 원해서. 최근에 내가 경험한 공부는 한 열아홉 살 소녀의 끝을 향해 달린 이기심이었다. 공부를 잘해 좋은 성적을 받고 기분이 좋아지고 싶었던 한 4.2차원 정도 되는 소녀 '박연'의 이기심. 그렇게 공부를 하는 순간 동안 이 세상에 나밖에 존재하는 생물체는 없었다.

하지만 지난 안 좋은 일들은 어쩔 수 없는 것이고, 상황을 더 나쁘지 않게 하기 위해서는 계속 나아가는 길밖에 없다. 최대한 긍정적인 면을 보고 한쪽 방향이 잘 풀리지 않는다면 미련을 버리고 다른 길들 고려해보면 되는 것이다. 그렇게나 하고 싶었던 미술잡지의 리더가 되지 못했다고, 상을 받지 못했다고, 성적이 쭉 내려갔다 하더라도, 힘들긴 하지만 이런 일들일랑 뒤로 제쳐두고 지금 하는 일들에 집중을 하는 것이 옳은 길이라는 것을 배웠다. 이런 게 바로 카르페 디엠 Carpe diem 이겠지.

독자들을 위한 최근 근황 업데이트!

세상에 공짜는 없다더니, 눈물 찔찔 흘리며 공부한 세계사는 나에게 그에 응당한 대가를 건네주었다. 세상에 공짜는 없다더니, 밤을 새가면서 공부한 보람이 있었다. 다시 또, 세상에 공짜는 없다더니, 학교 성적은 괴발개발오리발로 나왔다. 아하하하.

공부의 설움은 역시
가족애로 토닥토닥

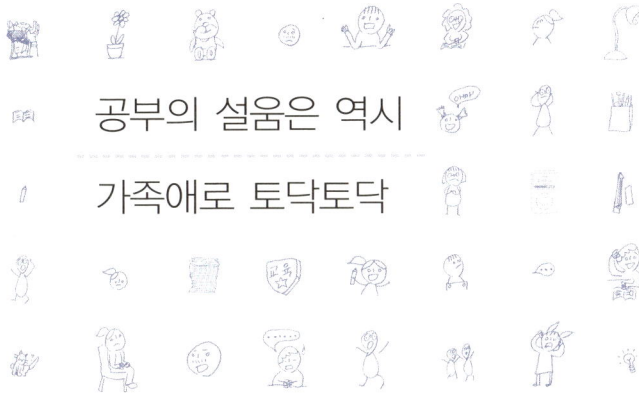

어떤 메신저 대화 1

아빠 잠은 좀 잤어?
연이 아침에 다시 인터넷 들어왔는데 아빠가 로그인되어 있길래
연이 나는 1시간 반 자고, 아까 낮에 또 1시간 반 잤어
연이 진짜 토할 것 같아
아빠 괜찮아? 하늘 색깔 파란색으로 보여?
연이 주말 내내 의자에만 앉아 있어
연이 아침 먹고 앉아서 숙제하다보면 샤워하고 저녁이야
연이 할 거는 많이 한 거 같애
연이 아주 이것저것 다했어

아빠	장담하건대 난 너처럼 공부한 적 없고
아빠	맹세컨대 난 너처럼 공부할 수도 없을 거야
아빠	존경해 정말
연이	지금은 물리 공부하고 있어.
아빠	공부벌레라는 말이 실감나는군
아빠	지금 니가 들이고 있는 노력이
아빠	언젠가 너의 힘이 될 거야
아빠	어떤 대학에 가든 어떤 전공을 선택하든
아빠	공부도 해본 사람이 잘할 수 있는 거거든
아빠	고기도 먹어본 사람이 잘 먹는 거고
연이	참 비교도 아빠답다
아빠	너 고생 빨리 끝나고 여름방학 빨리 돼서
아빠	서울에서 너랑 수다떨면서 만날 배아프게 웃으면 좋겠다
연이	아이고 지금 한국 갈 생각은 없다
아빠	왜?
연이	시간이 더 필요해서
연이	느리게 가야 해 시간은…… 흑흑

나는 태어나서 18년 동안 가장 악독한 혓바늘의 공격을 받았다. 몸이 피곤하다보니 잠을 못 잔 내 몸의 한이 혀로 갔나보다. 내 눈으로 보이는 것만 해도 최소한 9개인 혓바늘이 내 입안을 집중 공격했다. 안 그래도 몸이 힘들어 먹는 것을 조금이라도 더 먹어야 할 상태였는데도 입을 간신히 움직일 수밖에 없어 제대로 먹지도 못했다. 거울을

볼 때마다 내 얼굴색은 말도 아니었다. 방금 땅속에서 기어올라온 좀비가 따로 없었다. 눈 밑의 다크서클은 짙어지기만 하고 잠을 못 자 너무 졸려 항상 눈이 제대로 떠지지 않은 채로 다녔다. 어깨 근육은 풀 수 없을 정도로 뭉쳐 딱딱해졌다. 책상에 앉아 거의 움직이지 않으니 스트레칭을 할 때마다 목에서는 나뭇가지 부러지는 소리가 났다. 엄마 아빠는 기계가 아니니 잠도 자고 쉬면서 하라 했지만 내가 원하는 결과를 얻기 위해서 한 달 동안은 희생할 수 있었고 희생해야만 했다. 그러나 아빠의 충고는 계속되었다.

어떤 메신저 대화 2

연이 이제부터 세계사 에세이 하루에 하나씩 써서 선생님한테 보내고 있어
연이 미술사 네 챕터 리뷰를 주말에 한 14시간 동안 했고
연이 오늘은 현대 세계사를 공부할 계획도 세워야 되고, 영어 숙제로 쇼트 스토리 써야 한단 말이야……
연이 물리 공부 좀 하고
연이 수학 문제 더 풀고
연이 근데 나 감기 걸렸어
연이 안 그래도 체력 풀 가동해야 되는 시기인데 왜 하필
아빠 그러니까 좀 쉬어야 되는데 감기면 언제 시간 내서 푹 잘 수 있는 날은 없어?
아빠 그러니까 뭔가를 하려면 체력이 필요한 거라고

아빠 너는 절대 철인이 아니고
아빠 이 세상에 철인은 없고
아빠 이 세상에 공짜는 없고
연이 사실 토요일도 밤을 꼬박 새고 일요일에 낮잠도 안 잤더니 어제 저녁에 일찍 잠들어서 아침까지 잤어.
아빠 물 많이 마시고
연이 ㅇㅇ
아빠 따뜻한 물
연이 물은 많이 마셔
아빠 카모마일 티 같은 거 많이 먹구
연이 ㅇㅇㅇㅇ
아빠 찬물 마시지 말고
아빠 꿀꺽꿀꺽 먹지 말고 천천히 씹으면서 계속 마셔
아빠 몇 시에 잘 거야?
연이 1시? 2시 전
아빠 왜?? 좀 더 일찍 자지?
아빠 내일 시험이 중요한데
연이 어제도 2시에 자니까 오늘 집중 잘 됐어
아빠 그때까지 뭐 할 거 있는 거야? 아빠 충고 좀 들어봐
연이 당연하지
아빠 아빠 충고는 여섯 시간 자는 거야. 아니면 다섯 시간
아빠 시험 전날인 걸 생각하면 여섯 시간은 자야 돼
아빠 넌 사람이야. 유기체야. 기계가 아니라
연이 난 오늘 멀쩡했어

> 아빠　이건 네가 오늘 같은 행동을 해야 한다는 뜻이 아니야
> 아빠　가능성을 봐야 해. 확률을 보라는 거지
> 아빠　어떤 상태가 너의 최상의 컨디션인지
> 아빠　잠을 많이 자는 게 너의 상태가 좋을 확률이 높다고

이렇게 밤마다 아빠와의 메신저 대화는 나에게 체력을 회복시켜주는 비타민 같았다.

실제로 옆에서 토닥여주지는 못하지만 좌절하고 무너질 때마다 엄마 아빠와 나누던 문자와 전화통화는 내가 마지막까지 공부를 하고 시험을 칠 수 있게 큰 도움을 주었다.

그런데 이번에 시험공부를 하면서 깨달은 사실이 하나 있다. 엄마와 아빠, 특히 엄마가 아주 많이 변했다는 것이다. 앞에서 얘기했듯 시험을 보거나 성적이 나온 날 나를 가장 먼저 공포로 모는 인물은 엄마였다. 하지만 내가 미국에서 공부를 하기 시작한 이후로 점점 엄마의 '5글자 이내의 사형선고' 파워가 약해지기 시작했다. 최근 AP 시험공부 때문에 고생하는 나를 본 엄마 아빠는 심지어 제발 자라, 제발 좀 쉬면서 해라, 성적 안 나와도 전혀 상관없다, 지금껏 할 만큼 했으니 그냥 운에 맡겨라 등등 대부분의 경우 부모가 할 말이 아닌 말들을 전화기에 대고 연신 읊어댔다. 엄마 아빠는 번갈아 전화를 하면서 심각한 목소리로 결과가 어떻게 나오든 상관없다며 지금 열심히 노력한 과정이 전부라고 말해주었다. 물론 나는 엄마 아빠 좋으라고 공부를

하는 게 아니라 내가 잘 봐야 직성이 풀리는 성격이었기 때문에 포기할 수가 없었다. 공부가 잘되지 않거나 컨디션이 별로인 날, 여느 때와 같이 새벽 4시 반에 훌쩍거리면서 침대에 움츠리고 누워 있으면 엄마한테서 문자가 날아왔다. "넌 지금 아주 잘하고 있어!! 네가 원하는 걸 얻을 거야!! 우린 확신해."

이런 열악한 공부 환경 속에서도 신나고 의미 있는 일이 하나는 있었다. 시험 일주일 전쯤, 여느 때와 같이 엄마 아빠와 스카이프를 하고 있었다. 엄마 아빠는 며칠 전 새로 분양받은 러시안블루 새끼 고양이를 열심히 카메라 앞에서 자랑하고 있었다. 그런데 이름을 아직 짓지 못한 상태였다. 엄마 아빠는 나에게 이름을 지어보라고 재촉했다. 그때 마침 나는 다음날, 토요일에 보는 미술사 모의시험 공부를 하고 있었다. 나는 르네상스 챕터에 나온 레오나르도 다빈치에 관한 내용을 정리하고 외우고 있었다. 그런데 이미 이제 다들 알고 있다시피 우리는 고양이 이름을 흔하고 흔한 '나비'나 '꽃님이' 같은 이름으로 지어주는 것은 용서가 되지 않는 집안이다. 나는 그래서 마침 내가 막 외우고 있던 다빈치의 기법 중 하나인 수마토 sfumato 에서 영감을 받아 엄마 아빠한테 물어봤다. "마토는 어때? 마토?" 마토의 이름을 결정짓던 엄마 아빠와 나의 메신저 대화를 살펴보면 우리가 얼마나 조심스럽게 이름을 정했는지 알 수 있다.

연이　라쿤. 라쿤은 어때, 아니 지노

엄마 아빠　라쿤은 무슨 뜻인데

엄마 아빠　라쿤 좋은데?

연이　laocoon, 헬레니즘 동상 있잖아

연이　라오쿤을 줄인 거라구, 라쿤

연이　지노는 매너리즘 아티스트 브론지노의 두 글자 지노

엄마 아빠　지노보다는 라쿤이 나은 듯

엄마 아빠　하나네 고양이 이름도 이쁜데(하나 : 아빠 회사 직원의 이름)

엄마 아빠　하쿠

연이　너무 흔해

엄마 아빠　하도 하악질 해대서 그렇게 붙였대

엄마 아빠　하쿠가 너무 흔하다구?

연이　○○당근

연이　옛날 그 누구네 개 이름 닥훈이도 이쁘지 않았어?

엄마 아빠　닥스훈트 줄여서 닥훈이

연이　그건 괜찮네 근데 얜 닥스훈트가 아니잖아?

엄마 아빠　근데 얘는 러블이라고 부르려니 너무 흔하고

엄마 아빠　뭉쿠와 라쿤 혹은 뭉쿠와 마토

엄마 아빠　뭉쿠와 라쿤이 더 낫지 않나?

엄마 아빠　아까 아빠는 요다는 어떤가 얘기했었는데 엄마한테 짤렸어

연이　어

연이　딱인데

연이　요다

연이　진짜 좀 요다 같아

엄마 아빠 요다 괜찮아?

연이 요다로 가자

연이 요토? 요토는 어때?

엄마 아빠 그래?

연이 합쳐서 요토로 하던가 요다하면 자꾸 외계인 생각날 거 같으니까

엄마 아빠 뭉쿠와 요다? 음…

엄마 아빠 요토는 뭐랑 뭐 합친 거?

연이 요다와 마토

연이 아니면 요쿤

연이 요쿠?

연이 마요?

엄마 아빠 요쿠?

엄마 아빠 뭉쿠와 요쿠?

연이 요쿠보단 마토가 낫다 근데

연이 아님 라쿤

엄마 아빠 그럼 그냥 마토로 갈까봐

연이 ㅇㅇ

연이 마토 해

엄마 아빠 그래 마토할께 땅땅땅!

러시안 블루 고양이와 다빈치의 페인팅 기법이 어떤 관계가 있는지는 지금도 연구 중이지만 어쨌든 지금 우리 집 고양이의 이름은 마토다. 결국 우리 마토는 이 누나가(남자 고양이다) 11학년 때 얼마나 열심히 공부했는지를 기념해주는 이름이 되어버렸다.

쟤는 동양인이니까 그래!
Because she is Asian

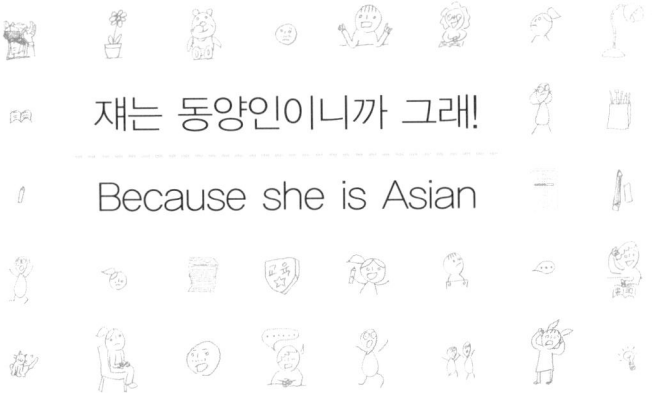

한국을 떠나 미국에서 고등학교를 다니면서 알게되는 전형적인 스테레오타입 stereotype이 여러 가지 있다. 그중 하나가 나쁜 의도를 가지고 있지는 않지만 막상 듣고 나면 조금 기분이 나빠지는 동양 학생들에 대한 것이다. 바로 '너디 아시안 Nerdy Asians'이다. 쉽게 말해 동양인들은 공부벌레라는 생각이다(물론 농담으로 하는 말이다). 얼마 전 친구들이 나에게 내년에 무슨 수학 수업을 듣느냐고 물어보길래 나는 통계학 말고는 들을 것이 남아 있지 않다고 대답했다. 그러자 옆에 있던 한 친구가 왜 그렇게 빡빡하게 수학 수업들을 듣느냐고 반문했다. 그러자 또 다른 친구 한 명이 나 대신 대답해줬다. "왜냐하면 쟤는 동양인이라 그래 Because she is Asian." 물론 이 친구는 나한테 그날 멍들게 맞았다. 이런 일이 있고 나자 나는 두 지역 학생들을 비교하지 않을 수 없었다. 평균적인 동양 학생과 미국 학생의 뇌를 비교하면 아마 이렇지 않을까?

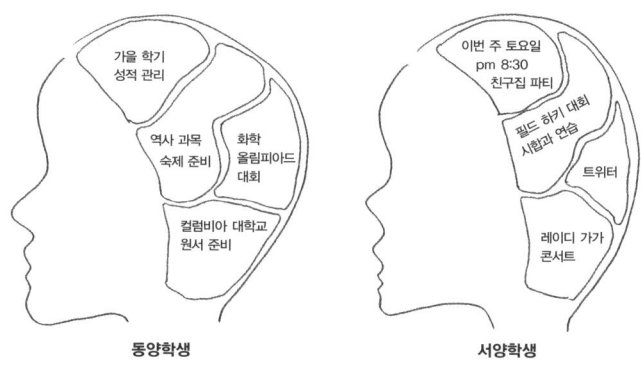

엄청난 양의 공부를 시키는 우리나라의 교육 방식에 적응된 한국 학생이라면 미국에서 내주는 숙제의 양은 쥐똥만큼 적다고 느낄 수밖에 없다. 심지어 학교 과제물 교칙 중에는 '선생님이 내준 숙제를 하는 데에 45분 이상 걸릴 경우, 45분 동안만 과제를 한 후 멈춰도 된다'는 조항이 있다. 그런데 이 아무것도 아닌 숙제에 미국 아이들은 쩔쩔매고 숙제 양이 많다고 징징대곤 한다. 이처럼 우리나라 학생들, 아니 우리나라 학생들뿐만이 아니라 동양 학생들이 적응한 교육 방식과 미국에서의 교육 방식은 매우 다르다.

미국에서 학교를 다니며 가장 먼저 느끼게 되는 차이점은 공부를 하는 '방법'이다. 나는 현지에서 직접 느끼기 전부터 미국 고등학교를 준비하는 과정과 한국의 특목고를 준비하는 과정의 확연한 차이를 발견할 수 있었다. 미국에서는 단순히 넓은 범위를 암기 위주로 하는 공부보다는 한 분야를 깊게 파고드는 공부를 선호한다.

미국고등학교 입학을 준비할 때 나는 영어 학원 선생님과 제출해야 하는 에세이를 하나 썼는데 처음 쓴 에세이를 최소한 다섯 번 수정을 하는 과정을 거쳤다. 당시 준비했던 것은 알베르 카뮈의 『이방인』을 읽고 난 소감에 대한 에세이였는데, 에세이의 틀에 대한 계획을 세운 후 선생님과 나는 낮에 학원에서도 만나고, 주말에도 만나고, 나중에는 선생님의 와이셔츠 색깔과 종류를 외울 때까지 만나고 또 만나 수정에 수정을 거듭해 완결을 지었다.

이렇게 하나의 글을 발전시켜 작성하면서 나는 지금까지 알던 것과는 다른 것을 뭔가 배웠다고 느낄 수 있었다. 실존주의 철학 이론의 근본적인 생각, 그리고 그 생각을 하나의 소설로 전달한 알베르 카뮈의 의도와 생각을 직접 느껴볼 수 있었다.

이렇게 미국 학교는 한국 학교보다 비교적 '본질적인 공부'를 할 수 있도록 도와준다. 연말고사의 형식을 보면 그 차이는 더욱 극명하다. 우리나라의 중간고사, 기말고사는 암기 위주이다. 그리고 반 학기 동안 공부한 내용들을 시험이란 형식으로 치르고 나면 바로 다 잊어버리고 마는 경우가 많다. 조금 심하게 말하자면 '일회용 공부'라고 할 수 있다. 그저 시험을 보고 나면 필요가 없어져 폐기처분해버리는 공부 말이다.

반면에 미국에서의 9학년과 10학년 때, 영어 연말고사 주제는 지난 1년 동안 읽어온 소설, 희곡, 단편 들을 모두 합쳐 에세이를 쓰는 것이었다. 작년 에세이 주제는 'power struggle(권력 다툼)'이었는데 책 속에 나온 캐릭터들 사이의 권력 다툼을 찾아 각 경우를 비교해서 글을 써야 했다. 글을 쓸 때는 적어도 장편소설 한 개와 단편 소설 한 개를 인용해야 한다는 조건도 맞춰야 했다.

이 에세이를 준비하면서 일주일 내내 읽었던 책들과 수업 시간에 보았던 프린트물들을 다시 모두 모아 정리하며 뭔가를 정말 배운다는 느낌이 들었다. 역사 과목 연말고사도 정말 대단했다. 내가 이번 학기에 배운 세계사 범위는 르네상스부터 냉전시대까지였는데 연말고사 주제는 '근대 사회가 무엇인지 설명하고 근대 사회로 다가서는 전환점이 되는 사건을 세 가지 써보라'는 것이었다. 이렇게 한 달에 한 번씩 보는 시험마다 나오는 에세이 주제들은 역사의 전체 흐름을 이해하지 못하면 손을 대지 못할 만큼 항상 넓은 범위를 포함하고 있다. 그뿐만이 아니다. 9학년, 10학년 때는 두 개의 긴 역사 리서치 보고서를 써야 한다. 작년 가을 학기 보고서에서 나는 관련된 서적 11권을 사용했고 매일매일 최소한 세 시간을 투자해 빌려온 책들을 훑고 정리해야만 했다. 그 당시 주제는 '자유무역의 다른 면'이었다.

가끔 혼자서 벅찰 때는 아빠의 도움을 받아 오류가 있는 부분을 고치기도 했다. 작년 겨울방학 때 아빠는 나의 리서치 보고서를 6시간의 시간을 들여가며 수정해주었다.

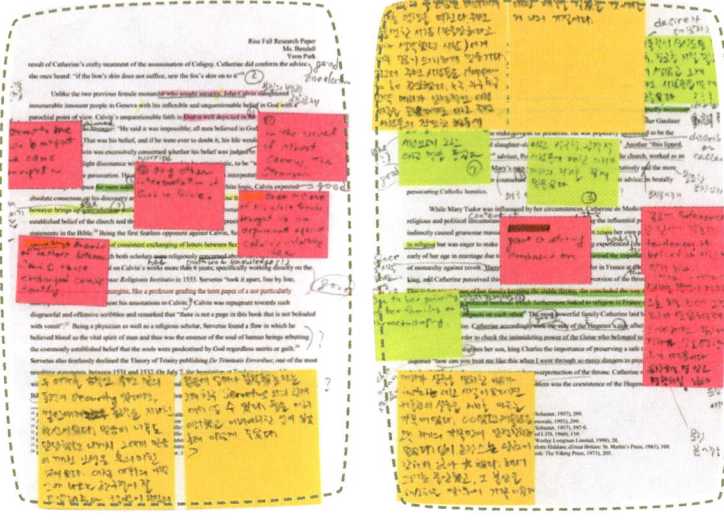

실제 에세이 양보다 더 많은 아빠의 코멘트 포스트잇

　미국에 와서 공부를 하면서 느낀 점은 매주 보는 퀴즈를 잘 보는 것도 중요하지만 과목별로 선생님들과 끊임없이 만나서 얘기를 하고 최근에 했던 주제들과 앞으로 계획된 주제들을 물어보며 다듬어가는 것이 중요하다는 사실이었다.

　내 경우에는 이번에 AP 시험 공부할 때 걱정을 많이 했던 과목 중 하나가 물리였다. 그래서 나는 시험을 3주 정도 앞두고 주중에 2번, 주말에 2번, 그리고 한 번 만날 때마다 한 시간 반 정도의 시간 동안 선생님과 캠퍼스 안에 있는 카페에서 만나 관련된 질문들을 하면서 일대일 과외를 받았다. 한국에서라면 꿈도 꿀 수 없는 상황이다. 다른 과목들도 마찬가지였다. 미술사 에세이를 내기 전에 선생님과 최소한 한번 이상의 미팅 시간을 잡고 내 머릿속에 정리된 내용을 얘기하고 피드백을 받는 것이 기본이다.

    이런 방식의 공부에 길들여진 나는 지난 여름방학에 한국에 왔을 때 나의 영원한 멘토인 아빠와 함께 책을 읽으며 주말 공부를 했다. 강남에서 SAT 학원들을 열심히 다니던 친구들을 보며 비록 집에서 하는 공부지만 아빠와 내가 함께하는 공부도 분명 고액과외 수업 못지않다고 생각하면서 매주 일요일마다 독서 강독을 했다. 주로 아빠가 읽었던 책들 중 밑줄 친 부분들을 합쳐 정리를 해서 수업을 했다. 철학, 미술, 문학, 문화로까지 연결되는 동양사상과 서양물리학에 대한 수업, 알랭 드 보통의 책들, 김훈의 『자전거 여행』 등 모두 다 읽지는 못했지만 양질의 텍스트를 통해 새로운 생각들을 접하며 자극을 받을 수 있었다. 아빠가 해주는 이런 광범위한 독서 강독과 미국 수업시간에 진행하는 에세이 및 프로젝트들은 매우 비슷하다. 다독을 통해 확립된 새롭고 참신한 생각들은 저절로 키워진다. 미국에서 에세이를 쓰는 방식을 되돌아보면, 한 권의 책을 읽고 글을 쓴 경우는 극히 드물었다. 대신에 전에 읽었던 여러 종류의 책들에 반영된 사회적 맥락, 테마, 편견 등을 연결시켜 깊이가 있고 흥미로운 해석을 갖고 있는 에세이를 쓰게 만든다. 얼마 전 연말 고사에서 내가 쓴 주제는 '비밀, 그리고 비밀의 누설이 어떻게 책의 캐릭터에 영향을 주었나' 였다. 나는 소설 『주홍글씨』와 희곡 『세일즈맨의 죽음』을 연관지어 재미있는 공통점을 발견할 수 있었다. 독서를 바탕으로 생각할 수 있는 힘을 길러주는 미국 교육의 장점을 다시 한 번 느낄 수 있었다.

인생은 마라톤, 서두르지 말자

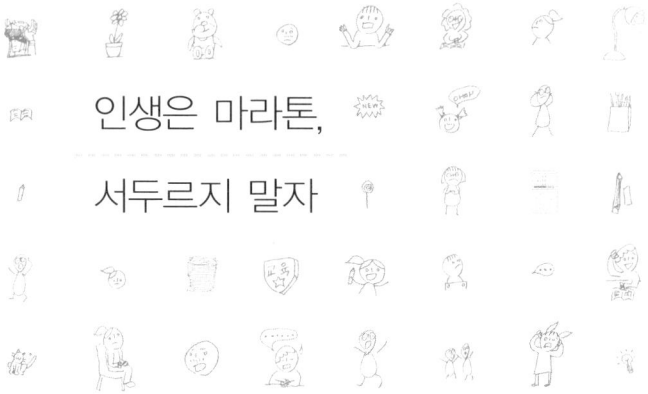

'사회는 이해 과목이다'라는 말보다도 아빠가 더 중요하게 내세우는 교육에 관한 철칙은 '인생은 마라톤'이라는 명제다. 삶을 살아갈 때 서두르지 말고 길게 보고 한 걸음 한 걸음 가는 것이 맞다는 뜻이다. 물론 좋은 고등학교, 좋은 대학교가 성공적인 인생을 달리는 데 도움이 될 수 있다는 것은 부정할 수 없다. 하지만 안타깝게도 인생은 길고 외국어고등학교를 갔다고 해서 그 사람의 인생이 무조건 성공하는 것도 아니며, 서울대학교를 들어갔다고 그것만으로 인생이 성공적으로 끝났다고 볼 수도 없다. 그뿐인가. 좋은 회사에 취직을 했다고, 심지어 돈을 많이 벌었다고 해서 성공한 것이 아니다. 인생은 길기 때문에 우리 앞에 또 어떤 일이 벌어질지는 계속해서 두고 봐야만 한다.

한국에서 학교를 다닐 때 내가 시험을 잘 보지 못했을 때 아빠는 괜찮다며, 그 정도면 마라톤 경주로 봤을 때 선두 그룹에 있는 것이니 꼭 1등을 하지 못해도 괜찮다며 위로를 해주었다. 하지만 등수가 확 떨어졌을 때 아빠는 같은 말을 하지 않을 것이 분명하다. 왜냐하면 인생이 마라톤인 것은 사실이지만, 1등을 하지 못했다고, 특목고를 가지 못했다고 해서 끝난 것이 아니라는 말일뿐 선두 그룹 정도는 유지를 시켜주어야 뒤처지지 않고 자신의 페이스를 유지하면서 나아갈 수 있기 때문이다. 그 페이스 유지를 위해서는 끊임없이 쉬지 않고 달려야 한다.

부모님을 따라가 생활한 2년 간 미국에서의 시간. 그리고 다시 한국에 돌아와서 보낸 초등학교, 중학교 시절, 그리고 다시 미국에서 보내는 고등학교 시절. 내가 경험하고 움직여본 공간은 서울과 뉴욕이 전부다.

긴 세월을 살아낸 어른들에 비하면 내가 보낸 시간들이 결코 다양하다고 자신할 수 없지만 그 기간 동안 나는 내가 누릴 수 있는 행복을 긍정적인 마음으로 풍부하게 누리며 살아왔다고 생각한다. 하지만 이내 다시금 떠올리는 문장. 인생은 마라톤이다. 그러므로 절대로 자만하지도 말고 절대 서두르지도 말고, 천천히 한 걸음씩 나에게 주어진 시간들을 충분히 경험하며 그렇게 세상을 공부하고 이해해야겠다.

2부 공부만 하다 죽을 수는 없잖아

아빠와의 대화

아빠,
요즘 공부하기가
너무 힘들어

 아빠는 내가 죽도록 공부하고 있어 힘들다고 하소연하고 투정 부리면 무슨 생각을 하게 돼? 나한테 무슨 말을 해주고 싶어?

음, 그건 너만이 처한 특수한 상황이 아니다, 너만 힘든 게 아니다, 다들 똑같이 힘들고 겪는 것이니 외로워하지 말라고 말하고 싶어. 그렇기 때문에 그 시간들을 견뎌야 하는 거라고 말하고 싶고. 사실 넌 혼자가 아니거든.

응, 그게 사실이지. 아빠 말대로 정말 나만 힘든 게 아니니까.

'나만 힘든 게 아니다'라고 생각하는 건 행복하게 사는 방법 중 하나야.

왜?

네가 행복할 때와 힘들 때를 떠올려봐. 행복할 때는 '나만 행복하다'라고 생각해봐. 그걸 이기적이라고 할 수는 없는 거야. 그렇게 믿으면 정말 행복하거든. 반대로 힘들 때는, 예를 들어 네가 공부를 할 때는 다르게 생각하는 거지. '이건 모두가 거치는 과정이야, 난 혼자가 아니라고.' 이런 생각과 믿음은 널 덜 힘들게 해. 다른 말로 하자면 카르페 디엠, 혹은 메멘토 모리 라고도 할 수 있지.

음, 잠깐만 아빠. 메멘토 모리가 갑자기 왜 나오는 거야? 그건 17세기 네덜란드에서 정물화를 그릴 때 화가들이 숨겨놓은 의미 아니야?

응?

그거 있잖아. 깨진 호두, 해골, 금이 간 거울, 뭐 이런 상징적인 정물화 말이야. 우리가 지금은 잘 살고 있지만 이런 생은 짧은 것이며 언젠가는 사라질 것이라는, 죽음을 암시하는 그림에 숨은 의미가 메멘토 모리, 다시 말해 '죽음을 기억하라'는 메시지 아니야?

아! 물론 그것도 있지. 아빠가 말하는 메멘토 모리는 카르페 디엠과 비슷한 문맥에서 한 얘기야. 네가 얘기한 것처럼 누구에게나 죽음은 공평하게 찾아가는 거니까. 그럴수록 현재에 집중해야지. 현재에 충실해야지.

아, 난 또 뭐라구!

그런데 지금 너가 말한 내용들이 결국은 공부의 힘이야. 아는 것의 힘이지. 난 항상 딸과 이런 대화를 하는 게 꿈이었는데, 이렇게 꿈이 이루어지는구나! 연세대학교 교훈이 '진리가 너희를 자유케 하리라' 야. 딱 맞는 말이지. 모르면 두려운 거고 알면 두렵지 않은 거고.

그래 맞아, 무언가 알아가는 즐거움, 힘들긴 해도 그게 공부를 계속하는 이유 중 하나인 것 같아. 공부의 재미라고 해야 할까?

당연하지. 공부가 안 되면 재미없고, 공부가 재미없으면 다시 안 하게 되고. 그리고 공부를 안 하면 당연히 공부가 잘 안 되고. 그렇게 악순환이 돌고 도는 거지. 하지만 반대로 선순환도 가능하단다.

그러면 아빠는 공부를 하면서 언제 제일 힘들었어? 언제 어떻게 '공부'가 아빠를 가장 참혹하게 괴롭혔어?

항상 하는 이야기지만 아빠는 재수를 하는 기간에 제대로 공부하는 법을 배웠어. 난 대학교 입학에 실패해서 재수를 해야 하는 상황인데, 친구들은 신입생이 되서 엠티 가지, 당구도 치러 가지, 소개팅도 하지. 얼마나 비교가 되겠어. 그런 상황이 되니까 스스로에게 너무 화가 나서 그때는 눈가리개 한 말처럼 주위의 아무것도 보지 않고 공부만 하겠노라고 다짐을 하며 정말 열심히 공부를 했어. 비가 오든 눈이 오든 한 시간 반 동안 버스를 타고 매일 책을 들고서는 도서관에 갔으니까.

그런데 그렇게 앉아서 읽기만 한다고, 책만 읽는다고 공부가 된단 말이야?

사회 공부 제대로 하는 법을 그때 배웠어. 공부하는 법은 모르겠고, 앉아서 하기는 해야겠고. 성질이 난 아빠가 할 수 있는 방법이라고는 사회 교과서를 소설책 읽듯이 쭉쭉 읽는 것뿐이었어. 다 읽고서는? 또 읽었지. 앞에서부터 다시. 다 읽고? 또 앞에서부터 또 읽었어. 소설책 읽듯이 말이야. 그런데 신기한 것이 이걸 한 너덧 번 해보니까 어떤 맥락과 흐름이 보이더라고. 사회 공부할 때 아빠가 누누이 강조하는 것이 흐름을 이해하는 거잖아.

난 다행히 아빠가 일찍 가르쳐줘서 효율적으로 공부를 할 수 있었던 것 같아.

그렇지. 일단 방법만 알면 그다음부터 하는 건 정말 쉬워. 아빠의 경우에는 공부 방법은 재수할 때 터득했지만, 공부가 재미있단 사실을 배운 건 군대를 다녀와서야. 철학 수업을 들은 적이 있거든. 그 수업 시간에 노자, 장자의 도가 사상 수업을 듣는데, 와! 이건 정말 어떻게 이런 사상이 있는가 싶으면서 너무 재미있더라고. 그때 김용옥 선생님들의 책들, 동양철학, 사마천의 『사기』, 버트런드 러셀 등에 푹 빠졌어. 세상을 다 아는 것 같은 기분이 들었달까? 〈매트릭스〉에서 데이터가 보이기 시작하는 네오 같은 기분이었지.

아빠만큼의 진지한 깨달음인지는 모르겠지만 나도 학교에서 공부하다보면 정말 재미있다는 생각이 들어.

정말 그렇다면 너는 아빠보다도 공부의 즐거움을 일찍 배운 거야. 연이가 그랬었지? 이번에 세계사 시험을 마쳤을 때, 두 시간 반 동안 쓰던 에세이 세 개 중에서 마지막 에세이 끝내고 5분 정도 남았을 때 미친 사람처럼 웃음만 나왔다고 그랬지? 9페이지 길이의 에세이 세 개를 손으로 쓰고 나서 말이야? 그게 공부의 재미를 알아서 그런 거야. 어떤 성취감이라고 해야 할까? 솔직히 이번에 너가 시험공부를 할 때, 엄마 아빠는 네가 너무 힘들어서, 열심히 최선을 다해 할 만큼 했는데도 그 이상으로 공부를 너무 많이 하는 것 같아 걱정이 됐어.

응, 맞다. 엄마랑 아빠 모두 이제 그만 해도 된다, 시험 성적이 잘 나오지 않아도 상관없다며 나를 걱정해주었어. 하지만 이상하게도 이번에는 어떤 결과가 나오지 않으면 나 스스로에게 화가 날 것 같았어. 그래서 정말 열정을 다해 공부했던 것 같아.

산을 올라가는 너에게 우리는 이제 충분히 올라왔으니 이젠 내려 가라고 한 거지. 나쁘게 말하면 유혹한 거였는데 말이야.

그렇게 내가 할 만큼 다 해놓으니까 시험 보기 전에 매우 당당할 수 있었던 것 같아. 심지어 결과가 나쁘더라도 스스로 어떤 한계를 맛봤다는 성취감 때문에 기분이 참 좋았던 것 같아.

'진인사 대천명 盡人事待天命'이라고 할 수 있겠지? 너가 할 수 있는 노력은 다 했기 때문에 운명은 하늘에 맡기고 편할 수 있었던 것. 정말 공부하는 자세는 바로 그런 게 아닌가 싶어.

3부

생활은 여행처럼
여행은 생활처럼

세상을 느낄 줄 아는
감수성 한 조각

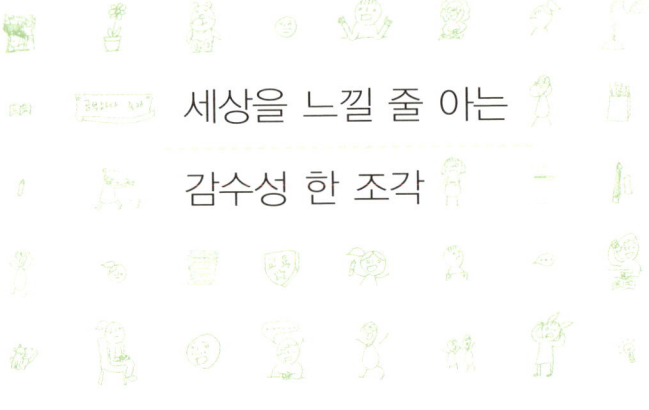

 우리 엄마 아빠의 띠는 두 분의 성격과 너무도 잘 들어맞는다. 나는 그렇지 않은데 말이다. 나는 양띠이다. 양은 순진하고 하얗고 착하고 여성스러운 특징을 가진 동물인데 나는 양과는 전혀 다르게 피부는 까맣고, 성격은 거칠고 남성적이고 시끄럽고 때때로 폭력적이다.

엄마는 뱀띠다. 나는 가끔 엄마와 엄마의 띠를 떠올리면 칼뱅 John Calvin 아저씨가 떠오르곤 한다. 우리 엄마가 뱀띠라는 사실은 너무 잘 어울려서 칼뱅의 '예정설'이 너무나 제대로 적용된 예라고 생각하기 때문이다. 정확하게 묘사하기는 힘들지만 마르고 조용한 편인 엄마는 앞에서도 말했지만 우리 집의 권력자로서 무서운 존재이다. 작은 체

구를 가졌지만 그녀가 만들어내는 긴장감과 권위의 힘은 결코 그녀를 만만하게 보지 못하게 한다.

아빠는 소띠다. 소는 뱀이나 양 같은 동물에 비해서는 덩치가 매우 크다. 우리 아빠도 역시나 나와 엄마보다 덩치가 크다. 소의 가장 큰 특징 중 하나는 우직하고 바보같이 열심히 일을 한다는 점인데, 그것이 딱 우리 아빠 같다.

그런데 우리 아빠는 우직하고 둔감할 것 같은 소의 외형을 가졌지만, 아주 감성적이고 민감한 성격의 소유자다. 그래서 그런지 아빠에게는 '소름 돋을' 일들이 참 많다. 아빠는 파리 오르세 미술관에서 휘슬러의 〈어머니의 초상〉을 보았을 때도 소름이 돋았다고 한다. 그뿐인가. 일요일 아침, 집에서 〈라 트라비아타〉 음반을 크게 틀어놓고 들을 때도 소름이 쫙 돋는다고 한다.

이윽고 우리 집에 어떤 문제가 생기기 시작했다. 아빠의 '소름병'이 엄마와 나에게도 전염되기 시작한 것이다. 엄마와 나의 강인한 냉정함은 옆에서 몇 십 년 동안 불타오르던 아빠의 감성을 버티지 못하고 결국 녹아버리고 말았다.

여행을 다니던 어느 날, 나는 차 안에서 갑자기 소름병에 심각하게 전염되었다는 사실을 깨달았다. 당시 아빠는 줄리 런던Julie London의 〈The End of the World〉를 틀어놓고 있었다. 그때 나는 창밖을 보며 무심하게 그 노래의 가사를 듣고 있었다. 그런데 갑자기 왈칵 눈물이 나기 시작했다.

Why does the sun go on shining?
Why does the sea rush to shore?
Don't they know it's the end of the world
Cause you don't love me anymore?

태양은 왜 빛나고 있는 걸까요
파도는 왜 해변으로 달려가고 있는 걸까요
세상이 끝났다는 걸 그들은 모르는 걸까요
당신이 더 이상 나를 사랑하지 않기 때문에

Why do the birds go on singing?
Why do the stars glow above?
Don't they know it's the end of the world
it ended when I lost your love

새들은 왜 계속 노래 부를까요
별들은 또 왜 저 위에서 빛을 뿌릴까요
세상이 끝났다는 걸 그들은 모르는 걸까요
내가 당신의 사랑을 잃었을 때 끝났다는 걸요

I wake up in the morning and I wonder
why everything's the same as it was
I can't understand no I can't understand
How life goes on the way it does.

아침에 눈을 뜨면
세상이 이전과 변함이 없다는 사실에 놀라곤 하지요
도저히 이해할 수 없어요
어떻게 세상이 이전과 똑같을 수 있을까요

Why does my heart go on beating?
Why do these eyes of mine cry?
Don't they know it's the end of the world
it ended when you said good bye

왜 아직 내 가슴이 뛰는 걸까요
왜 내 눈에선 눈물이 흐르는 걸까요
세상이 끝났다는 걸 그들은 모르는 걸까요
당신이 작별인사를 했을 때 끝나버렸다는 걸요

노래 속에는 사랑하는 사람이 떠났는데 왜 다른 모든 것들은 똑같은지, 새는 왜 변함없이 지저귀고 나의 심장은 왜 계속 뛰는지에 대한 절절한 표현이 담겨 있었다. 노래 가사를 듣자 실연당한 사람의 마음이 정말 절실하게 느껴져 눈물이 났다. 그때의 나는 특별히 우울하고 슬픈 상황에 처해 있었던 것도, 일부러 이 가사를 음미하고자 했던 것도 아니었다. 그저 음악을 듣고 있었을 뿐이었다. 그런데 갑자기 코가 빨개지고 눈물이 나기 시작한 것이다. 혼자 창밖을 내다보며 노래를 계속 듣는데 눈물이 점점 많이 나 심지어 훌쩍거리기 시작했다. 우는 나를 본 부모님은 사랑도 안 해본 애가, 실연당한 적도 없는 애가 왜 이런 노래에 우느냐면서 동정해 주기는커녕 웃으며 놀렸다. 그때 나를 울린 그 무언가는 과연 무엇이었을까.

엄마 또한 아빠의 감수성 못지않게 민감한 감성을 가지게 됐다. 오스트리아 음악의 도시 빈의 길거리를 셋이 걸어가고 있을 때였다. 길을 가던 도중 학생쯤 되어 보이는 젊고 잘생긴 (내가 기억을 할 정도로) 남자가 작은 육교 아래에 앉아 있었다. 그는 돌계단에 앉아 첼로를 켜고 있었고 앞에는 동전 몇 개가 던져져 있는 첼로 케이스가 무심하게 입을 열고 있었다. 굵고 웅장한 첼로 현의 소리는 우리 가족의 발걸음을 멈추게 했다. 남자는 자신의 몸을 활과 함께 움직이며 현을 깊고 무겁게 켜고 있었다. 남자의 첼로 켜는 모습이나 표정, 그리고 소리를 들어보니 연주자는 완전히 자신의 연주에 푹 빠져 있었다. 그렇게 연주자와 악기가 하나로 어우러진 그 연주는 정말 슬프게 귓가를 두

우리 엄마를 울린 그 남자

드렸다. 특별한 이유 없이 슬퍼 보였고 엄마는 듣고 있다가 갑자기 울음을 터뜨리고 아빠의 어깨에 얼굴을 묻고 엉엉 울었다.

생뚱맞기는 하지만 이러한 뜬금없는 감수성, 혹은 소름병은 우리 생명에 치명적인 영향을 주거나 살아가기 위해서 꼭 필요한 요소는 물론 아니다. 하지만 말도 안 될 정도로 짧고 보잘것없는 우리 인간들의 삶을 조금이라도 '풍요롭게', 또 나름 '가치 있게' 살아가기 위해서는 필수적인 것이 아닐까?

내 마음을 두드렸던 음악들

어렸을 때부터 나는 단순히 동요나 가요가 아닌 다양한 종류의 음악을 접할 기회가 있었다. 결과적으로 여러 종류의 음악을 접함으로써 '좋은'(지극히 주관적인 형용사이지만 대다수의 교양 있는 사람들이 사용하는 '좋은'의 의미로 사용하겠다.) 음악을 들을 줄 아는, 귀를 발전시킬 수 있었다.

앞에서도 이야기했지만 우리 집만의 고유한 문화가 하나 있다면 주말 아침에 늦게 일어나 음악을 크게 틀어놓는 것이다. 일요일 아침 10시 40분. 눈을 뜨고 잠옷 차림으로 거실을 나왔을 때의 모습은 이렇다. 크게 틀어진 〈라 트라비아타〉. 스크램블을 요리하고 있는 아빠.

토마토를 갈고 있는 엄마. 창밖의 새들을 열심히 구경하고 있는 고양이 뭉키, 따스하게 비치는 아침 햇살(이라기보다는 대낮 햇살에 가까운 햇볕). 특히 12월이 되어 크리스마스가 다가오기 시작하면 일요일 아침마다 더 이상 늦잠을 자지 못하고 그만 일어나야 한다는 나의 괴로움과는 대조가 되는 오스트리아 청소년 합창단이 부르는 낭랑한 크리스마스 캐럴이 나를 깨운다. 심지어 집에서 저녁 때 셋이 고기를 구워먹을 때도 역시 전혀 어울리지는 않지만 어김없이 로라 피기Laura Fygi 재즈를 틀어놓는다(열심히 고기를 구우며 재즈를 듣는 모습은 괴상하다. 하지만 우리 가족은 소화해낼 수 있다).

나의 음악 취향 역시 미술 취향과 비슷하여 아빠가 소개해주고 들려주는 음악들로부터 시작되었다. 아빠가 가장 좋아하는 재즈는 내가 어릴 적 기저귀를 차고 춤을 출 때부터 친하게 여겼던 음악이다. 어린아이 시절, 동네 아줌마 아저씨들보다 좋아하던 '아줌마, 아저씨' 커플이 있었다. 이 두 분들의 음악에 맞춰 이리저리 춤을 추고 방방 뛰어노는 내 모습이 담긴 비디오가 아직도 있다고 한다. 어렸을 때 찍힌 비디오들을 보면 아무리 슬프거나 힘든 일이 있었더라도 어김없이 폭소를 터트리게 된다. 기저귀를 찬 나를 이리 저리 즐겁게 춤추게 만든 분들은 루이 암스트롱과 엘라 피츠제럴드다. 집이나 차에서는 로라 피기, 노라 존스, 줄리 런던, 나탈리 콜 등의 재즈 CD 재킷들이 항상 굴러다닌다.

운이 좋게도 나에게는 갖가지의 음악을 접할 수 있는 환경이 주어졌다. 기저귀를 찼을 때부터 집에서 들으며 익혀두었던 음악들뿐만 아니라 아빠의 동료들에게서 소개받거나 듣게 되는 광고, 영화음악들도 내 음악적 취향을 만들어내는 데 한몫했다. 조지 밴슨, 니나 시몬, 세르지오 멘데스, 바혼폰도 탱고 클럽, 모비 플레지, 비틀즈, 사이먼 앤 가펑클, 퀸, 밥 딜런, 레드 제플린, 실비 바르탕 등 흔한 팝 가수가 아닌 60년대 가수들부터 모던 일렉트로닉 아티스트들까지 접해보고 들어볼 수 있었다. 몇 번은 주말에 아빠를 따라 광고 녹음실을 갔었다. 녹음실이나 편집실을 가게 되면 PD들과 아빠 팀 사람들이 앉아서 최근에 찍은 광고들을 각각 다른 배경음악을 깔고 사람들에게 들려준 뒤 어느 게 좋은지, 어떤 음악이 왜 귀에 잘 붙는지 등에 대한 대화를 나누는 모습을 지켜볼 수 있다. 지난 봄방학 때 맨해튼에 위치한 TBWA 뉴욕에서 인턴을 할 때도 비슷한 경험을 했다. 니베아 광고를 맡은 팀을 졸졸 쫓아다니며 영상 편집실, 성우를 불러 녹음하고 음악과 멘트를 편집하는 음악 편집실 등을 다녀보며 재미있는 경험을 할 수 있었다.

아빠와 나는 항상 편안하게 메신저로 대화를 하면서 음악 얘기도 나눈다. 나는 이런 저런 종류의 음악을 아빠에게서 추천받는다.

연이 아 아빠 그리고
연이 그 우리 집에서 듣던 재즈 제목이나 아티스트가 뭐였지?
연이 그때 까먹고 시디를 컴퓨터에다 안 옮기고 왔어
아빠 어떤 재즈 이야기하는 거야?
연이 그 올드 재즈.
연이 집에서 듣던 거
아빠 내가 재즈의 명곡들이라고 했던 것들?
연이 ㅇㅇ
아빠 take five
아빠 sing sing sing
연이 take five는 있고…… 싱싱싱 아티스트가 누구야
아빠 the saints are marching on.
아빠 몰라, 제목들로 찾아봐
아빠 take five는 마일즈 데이비즈 원곡이고
아빠 글로브 워싱턴 주니어나 퀸시 존스 버전도 좋고
아빠 the saints are marching on은 루이 암스트롱이 좋았고
아빠 또 뭐 있더라? 또 생각나면 알려줄게
연이 ㅇㅇ
아빠 fever도 좋고
아빠 처크맨조니의 feel so good도 명곡이고
아빠 calling you라는 곡 찾아서 들어봐
아빠 〈바그다드 카페〉라는 영화에 나왔던 건데
아빠 나-른해 아주
연이 또 또 또
아빠 생각이 안 나네
연이 생각나면 또 알려줘

> 아빠 fly me to the moon 알겠지만 좋고
> 연이 ○○○○○○
> 아빠 george gershwin의 rhapsody in blue도 좋지

    이렇게 저렇게, 직접적으로 간접적으로 가족의 도움을 받았을 뿐만 아니라 미국 학교에서 만난 친구 덕분에 더욱더 가까워질 수 있었던 것이 음악이다. 나를 음악의 세계로 한발 짝 더 다가갈 수 있도록 도와준 친구가 한 명 있다. 줄리어드 예비학교를 다니는 이 한국 친구는 그때그때 맨해튼에서 열리는 음악회나 연주회 정보를 업데이트시켜주며 어떠한 좋은 연주회가 어디서 있을 것인지 등을 알려주었다. 다행히도 엄마 아빠는 메트로폴리탄 오페라나 카네기홀 연주를 감상하는 것의 가치를 인정해주어서 가끔 바쁘지 않을 때는 주말 동안 이 친구네 집에 놀러 갈 수 있도록 허락해주었다. 지난번에는 마침 친구가 장영주가 비발디의 〈사계〉를 연주하러 카네기홀에 온다는 소식을 알려주었다. 더욱더 놀라운 사실은 학생증을 소지하고 있으면 티켓값이 10달러라는 것이었다. 이런 황금 같은 기회는 흔치 않다며 친구는 나에게 열변을 토했다. 결국 우리는 한국 돈으로 대략 만 원을 내고 발코니 자리에서 장영주의 '소름 돋는' 〈사계〉를 감상할 수 있었다. 아마 다시는 그렇게 유명한 연주자가 유명한 도시의 유명한 연주홀에서 유명한 곡을 바이올린으로 연주하는 것을 발코니에서 10달러를 내

고 볼 수 있을 기회는 앞으로 없을 것이라고 생각한다. 또 그 친구와 함께 메트로폴리탄 오페라에서 연주하는 모차르트의 〈피가로의 결혼〉을 보았고, 아름답고 화려한 〈호두까기 인형〉 발레도 재미있게 보았다. 이렇게 음악에 조예가 깊은 친구를 곁에 두어 유익한 정보도 얻을 뿐 아니라 다양하고 좋은 경험을 할 수 있었다.

최근에는 우리 학교 졸업생 중 한 사람의 아버지가 오페라를 개인적으로 즐기시는데 우리 학교 학생들에게 기회를 주고 싶어하신다고 했다. 어플리케이션 등을 내고 어느 정도의 절차를 거친 뒤 15명의 학생들을 뽑았는데 나는 운이 좋게도 그중 한 명에 포함될 수 있었다. 우리는 돈을 전혀 지불하지 않고 (교통비, 관람비, 식사비 모두 포함) 맨해튼으로 새벽에 떠나 메트로폴리탄 오페라에서 〈돈 주앙〉을 보고 그날 밤 12시에 돌아왔다. 이날 본 〈돈 주앙〉 공연은 TV에서 보는 오페라와는 차원이 달랐다. 물론 성악가들 앞에 가까이 앉지는 않아 그들의 얼굴에 표현된 감정들을 자세히 느끼진 못했다. 하지만 청중들의 반응, 의자 바로 앞에 보이는 자막, 어둡고 긴장감으로 가득한 거대한 공연장에서 보는 〈돈 주앙〉은 매우 특별한 경험이었다. 다시 한 번 실제로 하는 경험이 감성을 자극하는 데 얼마나 중요한지 깨달았다.

감각, 행복한 삶을 요리하는 소중한 재료

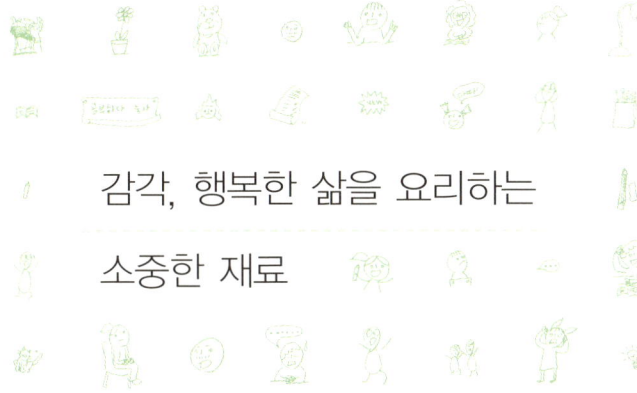

음악을 듣는 훈련만큼이나 긴 시간의 훈련이 필요한 것이 미술/미적 감각을 키우는 일이다. '감각'이라는 것은 필요한 순간마다 돈을 주고 사지도 못하는 능력이다. (남이 뭐라 하든) 본인 스스로 만족하는 나의 '미적' 감각에는 역시 보통이 아니신 어머니의 공이 크다. 우리 엄마는 미적 감각 면에서 놀라운 능력을 가지고 있어서 부러워할 만하지만, 엄마의 이러한 능력이 항상 좋은 것만은 아니다. (알다시피, '엄마'라는 명사가 들어가는 거의 모든 문맥에 함께 사용되는 주된 형용사는 '평화로운' 보다는 '무서운' 혹은 '위협적인'이 더 적합할 것이다.) 엄마는 무서운 사람이다. 엄마가 중요시하는 미적 아름다움과 감각을 일상생활, 특히 식생활에 적용시키게 되면 조금 위협적인 결과가 나타난다.

식탁에 숟가락, 포크를 세팅해놓는 것도 엄마가 아닌 다른 사람은 할 수 없다. 우리 집에서 수저를 놓는 것은 다른 집에서 흔히 행해지는 '수저를 놓는' 것과는 매우 다르다. 우리 집에서 엄마를 제외한 다른 사람이 숟가락과 포크를 식탁 위에 올려놓는 것은 집안의 평화를 위협하는 행위가 되기 쉽다. 엄마의 예리한 눈에는 확연히 보이는, 어울리지 않는 위치에 놓인 숟가락의 각도, 서랍에 숟가락을 넣을 때 들어가는 방향, 순서, 그리고 각 숟가락의 살짝 다른 문양이 우리의 눈에는 잘 보이지 않는다. 이런 엄마의 모습은 마치 특수훈련을 받은 요원 같기도 하다. 분명 엄마는 밤마다 각 식기구에 알맞은 사용법, 음식 리스트를 외우는 게 틀림없다. 일요일 아침에 베이글과 딸기 요구르트를 먹을 때 사용하는 숟가락과 밤에 몹시도 출출해 얼린 홍시를 파먹을 때 쓰는 숟가락은 명백히 다르다. 식기세척기를 돌린 후 아빠

디테일한 것에 소소한 감성을 발휘하며 고민하는 엄마

가 그릇 정리하는 것을 도와주려고 주춤거리며 다가간다. 아빠가 보기에는 똑같은 그릇들(엄마는 똑같이 생긴 그릇들을 최소한 다섯 가지의 다른 카테고리로 나눌 수 있다)을 싱크대의 오른쪽 앞, 오른쪽 뒤, 왼쪽 앞, 왼쪽 뒤에 따로 정리해 포개어놓는 것을 보고 아빠는 도와주려다 돌아서 버리거나 도와주다가 핀잔을 받기 일쑤다. 엄마가 항상 말하는, '도와주는 게 아니라 일을 만들어내는' 사태를 벌이는 게 무서워서 아빠와 나는 주방에서 그저 돌아설 때가 많다. 엄마의 눈은 다른 사람들이 볼 수 없는 것을 볼 수 있는 투시력을 가지고 있다. 냅킨 역시 윗부분 3밀리미터를 남긴 채 이등변삼각형으로 접어야 하고 차를 마실 때 쓰는 컵과 커피를 마실 때 쓰는 컵은 달라야 한다. 왜냐하면 티 컵은 티 컵이고 커피 컵은 커피 컵이기 때문이다(엄마의 간략한 설명이다.) 이런 식으로 우리 집에는 컵만해도 한두 가지가 아니다. 자몽주스 잔, 우유 잔, 아침에 마시는 커피 잔, 요구르트 잔, 컴퓨터 A/S 아저씨 커피 잔, 감기 기운이 있을 때 뜨거운 보리차 마시는 잔, 약 먹을 때 쓰는 물 잔, 최소한 다섯 가지 종류의 보통 물 잔, 세 가지 종류의 와인 잔 등.

   컵에 대한 우리 가족의 지나친 집착증을 보여주는 에피소드가 있다. 방학 동안 한국에서 내가 가장 먹고 싶어하는 음식 중 하나인 트럭닭(우리 집에서는 '밥닭'이라고 칭한다)을 먹기로 결정한 대망의 날이었다. 아빠와 나는 뿌듯하게 아저씨가 추가로 넣어주신 무 네 팩과 김이 모락모락 나는 닭 두 마리가 담긴 봉지를 들고 집을 향해 가고 있었다.

차 안은 이미 고소한 닭 냄새로 가득 차 있었다(쓰는 도중 침이 고인다). 집으로 가는 도중 엄마와 아빠가 주고받은 문자를 한번 살펴보자.

> 엄마 뭐 마실 거야?
> 아빠 맥주
> 엄마 잔 얼려놔야지. 무슨 잔?
> 아빠 크리스탈 잔
> 엄마 크리스탈 잔? 손잡이 있는 목 긴 잔? 손잡이 없는 유선형 잔?
> 아빠 손잡이 있는 목 긴 잔

 맥주 잔을 선택하기 위해 몇 번의 경우의 수가 나오는지는 다른 사람들에게 맡기겠다. 물론 어떤 사람들이 보기에는 쓸데없이 시간을 낭비하거나 하찮은 개그 쇼 따위를 하는 것 같아 보일 수 있다. 하지만 실제로 이렇게 까다롭고 디테일하게 감각을 살리는 생활은 삶을 훨씬 더 재미있고 가치 있게 해준다는 것은 분명하다.

 우리 집의 까다로운 감각은 컵을 포함한 갖가지 식기를 넘어서 패션으로까지 이어진다. 물론 지금은 엄마와 나의 도움을 받아 아빠는 나름 세련되게 치장을 하고 다닌다. 하지만 아빠가 지금까지 걸어온 패션의 길은 멀고도 험난했다. 엄마한테 말로만 듣던 '팔 들어가면 윗옷, 발 들어가면 바지'를 입고 다녔고 거대한 안경을 끼고 다니며 촌스러움의 극치를 달렸다는 것을 옛날 사진들을 보면 너무나도 쉽게 볼 수 있다. (물론 시대적인 차이로 80~90년대가 촌스러운 것은 사실이다.

하지만 나는 분명히 같은 시대의 다른 사람들의, 아빠 친구들의 사진도 같이 본 후 이런 판단을 내린 것이다.) 아빠 과거 사진들을 볼 때 나는 나도 모르게 입이 살짝 벌어지고, 이마를 찌푸리게 되고, 혀를 차고, 손가락에 침을 묻힌 뒤 다음 장을 넘겨가며 여러 가지 면에서 놀라운 사진들을 유심히 본다. 아빠의 상태는 흔히 하는 말로, '안구에 습기가 차오르는' 상태였다. 나는 이렇게 집에서 심심할 때에 서재 방바닥에 쭈그리고 앉아 책장 아래에 먼지가 낀 엄마 아빠의 결혼 사진앨범을 구경하곤 했는데, 어느 날 사진들을 보다가 궁금함을 참지 못해 앨범을 펼쳐들고 부엌에서 저녁을 하는 엄마한테 달려갔다. 나는 손가락으로 사진을 반복적으로 가리키면서 진심에서 우러나온 의아심으로 심각하게 물어보았다.

"엄마, 엄마는 어떻게 '이렇게' 생긴 남자하고 결혼할 생각을 했었어?"

나는 진심으로 신기할 뿐이었다. 얼마 전, 인터넷을 뒤지던 나는 내가 좋아하는 한 연예인의 '비포/애프터' 사진을 보고 아빠를 회상하기도 했다.

엄마는 아빠에 비해 훨씬 세련되고, 예쁘고, 쉽게 말해, '있어' 보였다. 나는 정말 아무리 입장을 바꿔 생각을 해보아도 나라면, 내가 저렇게 괜찮고 세련되었더라면 절대 저런 인생의 거대한 실수를, 저런 결정을 하지 않았을 것이라는 생각만 계속 들었다. 아무리 사람이 똑똑하다고 하더라도 저건 아니다 싶을 뿐이었다. 하지만 엄마는 아

3부 생활은 여행처럼, 여행은 생활처럼

남대문 잠바때기 패션   압구정 패션

빠의 착한 성격과 똑똑한 머리를 보고, 눈을 딱, 아주 '딱' 감고 결혼을 한 것 같고 (적어도 나의 해석으로는) 결혼 후 아빠는 자신을 번데기로 만들어 몸을 싸더니 나비로 변신했다.

　엄마와 만난 후 아빠에게 일어난 일을 가장 잘 표현하는 사자성어는 '상전벽해桑田碧海'다. 점차 점차 엄마의 영향을 받아 '잠바때기' 주워 입는 촌티 안경남에서 엄마가 사주는 옷을 입고, 독특한 안경을 끼고, 귀도 뚫고, 머리도 밀기 시작하고, 수염도 기르면서 아빠는 마치 바비 인형처럼 엄마에 의해 꾸며지고 가꿔져 나비로 새롭게 탄생했다.

　새롭게 태어난 나비의 생활은 요즘 이러하다. 아침마다 밥을 먹고 아빠는 회사 나갈 준비를 한다. 밥을 다 먹었음을 알리는 아빠의 멘트가 아침마다 거실에 울려퍼진다. "나 뭐 입어? 옷 꺼내줘."

이 멘트에 맞춰 엄마와 나는 남은 마지막 커피를 한 모금씩 털어넣고 일어서서 손의 빵가루도 탁탁 떨고 아빠 옷 입히기를 시작한다. 이 시간은 하루 동안 내가 즐기는 시간 중 하나인데, 아빠의 옷을 입혀주는 행위는 인터넷 '인형 옷 입히기' 게임과 매우 비슷해 나의 생활에 큰 가치를 부여해준다. 심지어 봉사활동을 하는 뿌듯함마저 느껴진다. 시작은 물론 엄마가 한다. 먼저 옷을 꺼내 입혀준 후 엄마보다는 살짝 모던한 스타일을 좋아하는 나의 확인을 받는 절차를 거친다. 옷이 정해지는 기준은 무수히 많다. 만나는 사람, 저녁 약속 장소(일식당이나 한식당을 가는 경우 몇 번 입어서 무릎이 이미 조금 나오거나 잘 나오지 않는 바지를 입어야 한다), 강의를 하러 가는 곳에 심어주어야 하는 인상, 광고주를 만나는 여부, 지하철을 타고 가는 등등 여러 요소들의 영향을 받는다. 예를 들어, 광고주를 만나는 날이면 '날티'나 보이지는 않으면서 감각 있어 보이는 하늘색 토즈 단화를 신곤 한다. 하지만, 지하철을 타는 날이면 이 단화를 절대 신지 않거나 조심해서 다니라는 엄마의 중대한 명령을 받들게 된다. (출근 시간 지하철에서는 발을 밟힐 확률이 매우 높다. 전에 이 단화를 신고 지하철을 타고 회사를 간 날, 아빠는 하루 종일 신경을 바짝 세우고 자신의 발만 쳐다보면서 걸어다녀야 했다. 이렇게 되면 머리를 전봇대에 들이받는 아빠이기 때문에 서로를 위해 단화를 신지 않는 것이 상책이다.) '중요한 사람들을 만나는 일이라면 조금은 아빠스럽지 않더라도 점잖아 보이게 입는다. (우리 집안의 '점잖은' 의상은 양복과는 거리가 멀다. 남방 하나에 넥타이, 그리고 면바지만 입어도 아빠는 어색할 정도로 점잖아 진다.) 겨울, 차를 타고 가지 않고 지하철을 타는 날이면 장갑을 낀다. 목도리와 모자의 색깔을 옷과 맞춘다. 안경의 색깔도 옷이랑 어울리는지 확인한다. 이렇게 만반의 준비를 끝낸 후 엄마와 나는 한숨을 돌리고 각자의 준비를 한다. 우리 가족이 이와 같이 쏟는 시간은 물론 엄마에게서 배우고 비롯된 것이다. 단지 책을 읽고 하루 만에 배울 수 없는 능력이라는 면에서 어떻게 보면 책을 읽고 지적 교양을 넓히는 것보다 어려운 게 감각이다. 다행히도 나는 엄마 덕분에 감각 면에서는 테크닉과 노하우를 빨리 습득해 나름 센스 있고 감각 있는 생활을 할 수 있다고 생각한다.

  아무리 '미적 감각'이 뛰어나다고 하더라도 '감각'은 비교적 추상적이고 분명히 손에 잡히는 의미를 가지는 단어는 아니다. (독자들이 앞에서 읽으며 생각을 했겠지만) 또 매우 주관적인 단어라고도 할 수 있다. 하지만 객관적인 정보, 지식 바탕이 전혀 없는 것은 아니다. 생활의 감각을 엄마한테서 배웠다고 하면, 지적인 감각은 아빠한테서 배웠다고 할 수 있다. 내가 영향을 받은 부분을 크게 두 가지의 미술 지식으로 나누어서 살펴보자.

그림,
세상을 보는 다른 창

 미적 지식을 아빠의 영향을 받아 배웠다고 언급했지만, 미술과 관련된 아빠의 과거가 밝기만 했다는 것은 아니라는 점을 밝혀두고 싶다. 지금도 이야기를 하기 시작하면 머리에 핏대를 세우는 아빠는 뼈저리게 아픈 과거를 갖고 있다.

 중학생 시절. 미술 시간, 아빠는 스케치북에 선생님이 그리라고 한 것을 (너무나 아픈 기억이기에 아빠는 그리라 한 것이 무엇이었는지 기억조차 하려 하지 않는다) 자신 있게 그렸다. 자신이 그려낸, 만족스러운 그림이 그려진 스케치북을 자랑스럽게 들고 선생님한테로 나갔다. 그림을 본 선생님은, "이 새끼, 이게 뭐야?!"라고 하며 반 학생들이 다 있는 교실 앞에서 스케치북을 집어던졌다. 그러고는 아빠의 볼을 잡고 위

아래로 흔들었다고 한다.

아빠는 그 순간 '미술'이라는 셔터가 닫히는 소리가 들렸다고 한다. 아빠 역시 처음부터 미술과 가까웠던 사람은 아니었던 거다. 하지만 나이가 들면서 아빠는 미술에 대한 책을 많이 접하고 광고 쪽으로 직업을 가지게 된 덕에 미술과 다시 친해질 기회를 가질 수 있었다. 원래는 글을 쓰거나 읽는 것을 좋아했지만, 조금 전 말했듯 광고 분야의 일을 하게 되면서 미디어 아트와 같은 분야와 가까워지며 '미술'과 다시 친해지기로 결심을 한 듯하다. 나는 아빠와는 조금 다르게 어렸을 적부터 그림 그리는 것에 소질을 보이고 매우 좋아했다. 덕분에 아빠가 좋아하거나 추천해주는 미술에 관한 책들을 부담없이 읽고 아주 자연스럽고 쉽게 가까워질 수 있었다. 이렇게 아빠가 얘기해주거나 추천해주는 책들을 읽으며 나는 기본적인 그림에 대한 상식을 갖춰나갈 수 있었다. 청소년기로 들어서면서 아빠랑 미술관에도 같이 다니기 시작했다. 특히 외국에는 우리나라에 비해 관람객도 적을 뿐 아니라 컬렉션도 비교적 좋은 미술관이 많이 있어서 미국이나 유럽 여행을 할 때는 꼭 각 도시에 있는 크고 작은 미술관을 찾아갔다. 나는 비교적 덜 생소하고 접근하기 쉬운 서양미술 지식과 작품들부터 접하기 시작했다.

뭉크의 〈절규〉에서 시뻘건 하늘의 색깔과 그 유명한 비명을 지르는 표정의 의미는 무엇인지, 세잔은 무슨 이유로 같은 산을 70번 그렸는지, 몬드리안의 그림은 왜 사각형으로만 이루어져 있는지, 고흐

의 '방' 속에 있는 두 개의 의자 중 한 개는 누구의 의자인지, 피카소의 그림들은 왜 대부분 일그러진 괴물(알고 나면 괴물이 아닌 깊은 생각과 고민 끝에 창조된 표현 방법이지만)같이 생겼는지, 또 살바도르 달리의 그림 속에서 시계들은 왜 녹아 흐르는지 궁금했다. 그 궁금증들과 더불어 수도 없이 많고 신기하게 재미있는 생각들과 연관이 있는 그림들을 알게 되었고 알면 알수록 이런 지식들은 나의 관심을 끌었다. 아빠는 이렇게 화가들 한 명 한 명에 대한 재미있는 설명과 각 화풍에 대한 설명을 해주고는 내가 가장 관심을 보이는 것들을 중심으로 더 많은 그림들도 보여주고 책도 추천해주었다. 그리고 이렇게 차근차근 아빠와 함께 쌓아간 미술 지식이 최근 AP 미술사 공부를 할 때 큰 도움이 되었다.

아빠와 내가 가장 즐겨하는 활동은 미술관을 전시실 별로 걸어다니면서 다음 전시실로 가기 전 전시실에 있는 작품들 중에서 각자의 베스트 5까지 순위를 주고 그것을 서로 비교하는 것이다.

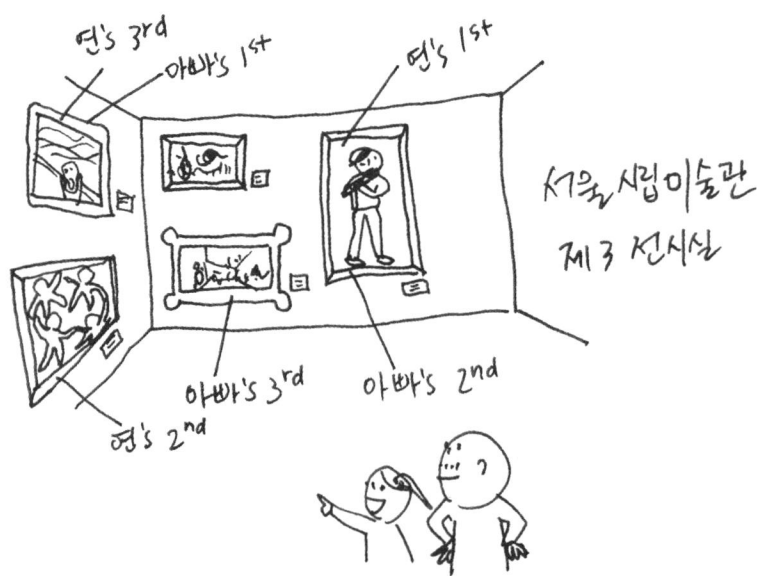

그러다보면 한 전시실에 모네가 그린 수련이 다섯 개 이상 있을 때도 있는데 각자 좋아하는 수련이 다를 경우가 많았다. 대부분의 경우에는 최소한 세 개 정도의 작품이 각자의 베스트 5에서 겹쳐졌다. 우리는 서로 작품을 좋아하는 이유를 얘기하면서 수긍하기도 하고 수긍하지 않기도 했다. 또 서로를 무시하기도 하고 순위를 바꾸기도 했다. 순위를 매기게 되면 그림을 좋아하는 이유를 알고 서로에게 설명해야 했기 때문에 그림을 더 관심 있고 깊게 볼 수 있었던 것 같다. 코앞에 두고 붓의 자국도 보고, 또 멀리서 실눈을 뜨고 색감이나 느낌을 보기도 해야 했다. 이런저런 구도도 살펴보고, 주요 사물이나 주제들의 배치도 이렇게 저렇게 따져보았다. 같은 화가의 여러 작품이 걸려 있을 경우 날짜를 비교해보고 해당년도 쯤에 일어난 역사를 되짚어보기도 했다. 한마디로, 그림을 여러 가지의 컨텍스트를 배경으로 감상할 수 있었다. 아빠와 나는 재미로 늘상 즐기던 활동이었지만, 이러한 습관이 그림을 볼 줄 아는 눈을 키워주는 데 큰 몫을 한 것 같다.

2008년 여름방학에는 프랑스 파리에 위치한 오르세 미술관을 갔다. 아빠와 나는 그 거대한 미술관에서 그림들을 훑어보며 다리가 아플 정도로 걸어다니다가 조각상들이 진열되어 있는 1층 홀에 도착했다. 공간이 비교적 확 트여있고 햇빛이 들어와 밝고 넓은 1층에는 여러 개의 벤치와 앉을 곳들이 있었다. 물론 아빠는 쉬고 있었고, 나는 다이어리와 연필을 꺼내서 조각상들을 2시간 넘게 스케치하며 여유로운 시간을 보냈다. 홀에는 나와 같이 스케치를 하는 사람들이 몇 명

오르세에서의 오후

있었는데 그중 한 남자가 내 옆으로 지나가면서 내 그림을 보고 씩 웃으며 말했다. "good good!"

대부분은 유럽에서 전시되는 작품들만큼 좋진 않지만, 한국에서도 가끔 괜찮은 전시가 열리곤 했다. 여기저기서 사람들의 평을 들어본 후 어떤 전시를 보러 갈지는 아빠가 생각한 후 나의 의견을 묻곤 했다. 예술의전당, 서울시립미술관, 덕수궁 미술관 등 괜찮거나 관심 있는 미술전들이 언제 열리나 구석구석 찾아다녔다. 하지만 한국 미술관들의 불편한 점이 몇 가지 있다. 운이 따르지 않는 날에는 초등학교 미술관 견학일과 우리가 미술관을 찾는 날과 겹칠 때가 있다. 한마디로 사촌언니가 말하는 '초딩들의 습격'을 받기 일쑤다. 운이 좋게 비록 초등학생들의 습격을 피하는 날이더라도 그냥 '보통 한국사람'들의 습격 역시 과소평가해서는 안 되는 것이다. 우리는 둘 다 개인적으로 인상파에서 후기 인상파의 그림을 감상하는 것을 즐겨 인상파전이 열리면 무조건 찾아갔다. 하지만 우리는 항상 날짜를 매우 신중히 잡고 갔다. 날짜와 시간대를 결정하는 데 시간을 많이 투자하면 할수록 우리는 성공적으로 붐비지 않는 때를 맞출 수 있었다. (예를 들어 학교 미술관 방문일, 방학 날짜, 중간/기말고사 시험기간, 공휴일, 주말 등을 고려해 날짜를 정했다.)

하지만 미술에 대한 기본적인 지식은 없는 상태로 무조건 그림만 보러 다니게 된다고 충분히 그림을 이해하거나 감상할 수는 없는 법이다. 그림은 '아! 이쁘다' 하고 지나가는 것이 아니다. 개인적인 취향, 사회적인 맥락, 환경의 영향, 그리고 역사의 흐름에 따라 필요에 의해 창조되는 미적 표현방법이다. 따라서 관련된 지식을 많이 가지고 있으면 있을수록 깊은 이해를 할 수 있는 것이 미술이다.

나의 미술 실력을 한 단계 업그레이드시켜 준 책들

에른스트 곰브리치의 『서양미술사 The Story of Art』

나의 서양미술사에 대한 지식을 크게 높여준 친구의 이름은 에른스트 곰브리치다. 800만 부가 넘게 팔린 곰브리치의 『서양미술사』를 읽은 후에야 나는 서양미술 역사에 대해 '조금'은 안다고 할 수 있게 되었다(물론 AP 아트 히스토리 시험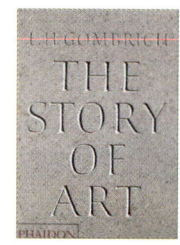
을 친 지금의 상태로는 미술 역사에 대한 대화는 조금 미뤄두고 싶긴 하지만).

어렸을 때에 아빠가 읽던 이 회색의 두꺼운 책에는 석기시대 동굴미술, 윌렌도르프 비너스부터 잭슨 폴록과 같은 현대미술까지 정리가 되어 있다. 나는 이 책의 책장을 덮는 순간 비로소 이 책이 왜 800만 부나 넘게 팔린 책이었는지 알 수 있었다. 곰브리치는 이 책 한 권으로 엄청난 서양미술의 역사를 완벽에 가깝게 설명해냈다. 각 시기와 화풍, 자신이 설명하는 주요 논점과 요점에 정확히 딱딱 들어맞는 작품과 화가들을 아주 현명하게 이용했다. 자신이 제시하고자 하는 의견을 완벽하게 뒷받침해주는 건축물과 그림들을 찾아내어 보여주었다. 엄청난 선택의 폭에서 간추려낸 작품들과 설명을 읽을 때마다 감탄을 금치 못했다. 처음에 아빠가 읽어보라고 이 책을 추천을 해 주었을 때 사실은 미술 지식을 얻고자하는 욕심 보다는 그 두꺼운 650쪽 짜리 책을 들고 다니면서 읽는 모습이 폼 나고 지적으로 보일 것이라는 생각에 냉큼 읽겠다고 했다. 하지만 책은 예상 외로 손에서 놓기 힘들었고 아빠는 두 달이 걸려 읽은 책을 나는 6주 만에 다 읽을 수 있었다. (책을 끝내자 아빠는 당연히 책거리를 거하게 치러주었다.)

반 고흐 자서전 『Vincent van Gogh』

한번은 겨울방학 때 한국에서 아빠와 미술책 얘기를 하다가 아빠가 재미있을 거라고 추천해준 책이 있었다. 템즈앤허드슨 Thames and Hudson 이라는 출판사에서 나오는 반 고흐에 대한 책인데 아빠는 읽기에 괜찮았다면서 미국에 가지고 가서 시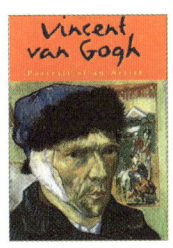간이 될 때 보라고 추천해주었다. 학교로 돌아오고 몇 주 후, 어느 토요일 밤 의자에 앉아 주위를 둘러보며 재미로 읽을 책을 찾다가 (지금으로선 그게 어떻게 가능했는지 의문이지만) 책장에 꽂혀 있는 이 책을 발견했다. 나는 의자에 앉아 담요로 몸을 덮고 쿠션을 무릎 위에 놓은 채 편안히 자리를 잡고 읽기 시작했다. 밤 10시에 읽기 시작해서 새벽 4시까지 책 한 권을 모두 읽어냈다. 반 고흐의 매우 사소하고 개인적인 사생활, 광기, 그리고 알려지지 않은 면들에 대한 재미있는 설명이 그 날 밤 그 책을 다 읽을 수 있도록 나를 도와주었다. 이 책을 읽은 뒤 며칠 후 나는 로트렉, 드가, 마네 같은 화가들의 책들을 아마존에서 주문했다.

트레이시 슈발리에 『진주귀걸이 소녀』, 『여인과 일각수』

미술사 수업을 듣기 전 여름, 학교로 오기 전 아빠가 나에게 도움이 될 것이라며 추천해준 책들이 있었다. '아트 히스토리 섬머 리딩 리스트'

에 있던 책들 중 트레이시 슈발리에가 쓴 『진주귀고리 소녀』, 『여인과 일각수』 등을 읽었다. 『진주귀걸이 소녀』를 읽으며 네덜란드에서 처음 '카메라 옵스쿠라 Camera obscura'라는 카메라의 시작이 된 물건을 베르메르가 사용했단 사실도 간접적으로 배웠다. 물론 그 시대 사회적 지위의 차이와 물감을 어떻게 만들어 사용했는지도 알 수 있었다.

중세 시대를 배경으로 한 『여인과 일각수』에서도 역시 사회적인 배경을 간접적으로 느껴볼 수 있었다. 어쩔 수 없이 정혼자와 결혼해 사는 귀부인과 자신의 엄마와 비슷한 운명을 맞기를 거부하는 딸을 보며 이해도 되고 안타깝기도 했다.

오르한 파묵 『내 이름은 빨강』

노벨문학상을 수상한 오르한 파묵의 『내 이름은 빨강』. 나는 특히 이 책에 깊은 감명을 받았다. (내가 가장 좋아하는 책 리스트에 추가되었다.) 전혀 알지 못하던 이슬람 문화권의 미술, 미술을 접하

는 태도와 생각들에 대해 배울 수 있어서 도움이 많이 된 책이었다.

존 버거 『본다는 것의 의미 Ways of Seeing』

학교로 돌아온 후 존 버거의 『본다는 것의 의미』라는 책을 읽었는데, 새롭고 신선한 시선들을 얻을 수 있는 도움이 되는 책이었다. 이 책은 '여자'에 대한 시선, 비주얼의 중요성과 영향, 사람들 시선의 이동 방향 등 미술을 통한 커뮤니케이션의 다양한 면들을 보여주었다.

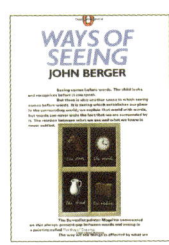

독일여행

편견을 깨주는
여행

앞에서 한참 얘기했듯이 인생을 가치 있고 풍요롭게 살기 위해 미술이든 음악이든 교양이 필요한 것은 당연하다. 그렇다면 이 풍요로운 삶을 어떻게 살까? 어디서? 어떻게 더 가치가 있게 즐길 수 있을까? 나에게 그 답은 '여행'이다. 최근에는 특히나 쉽고 빠른 교통수단 덕분에 '먼 나라'라는 개념이 사라지고 있다. 여행이 중요해짐에 따라 성공적인 사람의 정의는 '세계적인' 사람이라고 할 수 있을 것 같다. 여행은 원래 가지고 있던 인상을 바꿔주는 놀라운 역할을 한다.

내가 자주 말하는 여행은 대부분의 경우 가족과 함께 간 3주간의 유럽 여행을 뜻한다. 그 유럽여행을 갔을 때 나는 처음으로 독일을 가보게 되었다. 오래되고 낡은 것을 좋아하는 엄마의 앤틱한 취향을 고려해 라인 강변의 하이델베르크에 위치한 고성 호텔에서의 숙박은 계획에서 빠지지 않았다. 한강을 자주 보던 우리는 라인 강을 보고 실망을 한 후 (유럽을 돌아다니며 절실히 느낀 사실이지만 한강의 크기는 바다에 육박한다. 그 유명한 라인 강, 볼가 강, 론 강, 센 강, 모두 한강에 비하면 시냇물 수준이다. 한강의 거대함을 다시 한 번 느낀다.) 셋은 허기진 배를 감싸쥐며 성 주차장에 차를 대고 방에 올라가 짐을 풀었다.

이론의 여지없이 엄마의 결정에 따라 우리는 여느때처럼 중식을 먹을 계획을 세웠다. 하지만 대도시를 다닐 때와는 상황이 달랐다. 근처에 있는 것이라고는 라인 강, 평지, 돌, 바위뿐인 그곳에 우리의 배를 채워줄 중식당은 없어 보였다. 아빠는 프런트에 가 근처에서 '가장(상황 파악을 하지 못한 엄마가 요구한 사치스러운 부사)' 맛있는 중식당이 어디 있냐고 물었다. 그러자 프런트 아가씨는 근처에 '보파드'라는 마을이 비교적 번화하기 때문에 중식당을 찾을 수 있을 것이라고 알려주었다. 우리는 더 어두워지기 전에 식당을 찾기 위해 곧바로 차를 몰고 멀리서도 벽돌 지붕들이 빼꼼히 보이는 아담한 마을 보파드로 갔다.

하지만 마을로 진입하더라도 마을을 들쑤시며 중식당을 찾을 수는 없는 노릇이었다. 그래서 가는 길 좁은 양차선 도로를 지나가다가 아빠는 빵빵거리며 반대편에서 오는 차에 탄 사람에게 창문을 열어 혹시 근처 괜찮은 중식당을 아느냐고 물어봤다. 반대편 차 창문이 내려가자 최근에 면도한 산타 할아버지 같은 인상의 할아버지의 모습이 나타났다. 영어가 첫번째 언어가 아니었던 이 산타 할아버지는 약간은 서툰, 하지만 귀엽게 서툰 영어로 매우 친절하게 설명을 해주려고 우물쭈물 손을 휘저으시다가 안 되겠는지 자기 차를 돌릴 테니 따라오라고 했고, 우리는 생소한 나라에서 생소한 마을의 생소한 사람을 따라 생소한 중식당을 향했다. 마을이 워낙 작아서였는지 할아버지는 우리 앞에서 운전을 하시면서 그 짧은 시간 안에 창문을 열고 지나가는 사람들한테마다 인사를 하기 시작했다. 이 사람한테는 어떻게 지내냐, 저 사람한테는 부인은 어떻게 지내냐, 모든 사람들에게 인사를 했다. 그렇게 식당 앞에 도착했지만 주차 공간은 다 차 있었다. 할아버지는 차에서 직접 내리셔서 주차할 곳을 살펴보시더니 자기 친구의 차가 주차장에서 나가는 것을 보고 우리의 차를 그 자리로 안내했다. 그리고 이 중식당은 세계 최고, 서투른 영어로 "thee⋯⋯ the best-est!"라고 확신을 시켜주며 인사를 하고 헤어졌다.

솔직히 말해서 이전까지는 독일의 인상이 그다지 따스하고 친절한 이미지는 아니었다. 역사 탓도 있지만 왠지 '독일' 하면 절대적인, 날카로운, 논리적인, 엄격한, 빈틈없는, 딱딱한 느낌을 받았다(아마도 빈틈없는 자동차산업 때문일 수도). 하지만 이 특별한, 기분 좋은 경험으로 우리 가족의 독일에 대한 이미지는 완전히 바뀌었다. 그리고 그 중식당의 음식은 말 그대로 정말 감동적일 만큼 맛있었다. 우리는 먹는 내내 "아, 역시 최곤데?" 왠지 독일이라고 조금 전 말했듯 딱딱하거나 날카로운 인상을 가지고 있었는데 여행을 통해 부정적인 독일의 이미지가 긍정적인 이미지로 객관화되는 경험을 할 수 있었다.

또 하나의 독일에 대한 인상을 바꾼 경험이 있다. 로텐부르크에서 경험. 하이델베르크가 평온한 라인 강, 높은 바위절벽, 그리고 강변에 위치한 고성들을 가지고 있었다면 로텐부르크는 그 반대였다. 옛날 로마의 한 마을로 지어진 성곽도시 로텐부르크는 독일의 남쪽에 위치해 있다. 이 아기자기한 도시는 동화 속 마을처럼 울퉁불퉁한 돌길, 골목골목 보이는 노천카페, 부티크, 와인샵, 그리고 장식품가게들이 메우고 있었다. 엄마 아빠와 천천히 마을을 거닐었는데 미로에 갇힌 기분이 들 정도였다. 분명히 조금 전에 본 청동 간판의 부티크가 앞에 또 나타나고 어디선가 많이 본 듯한 분수대가 앞에 떡하니 다

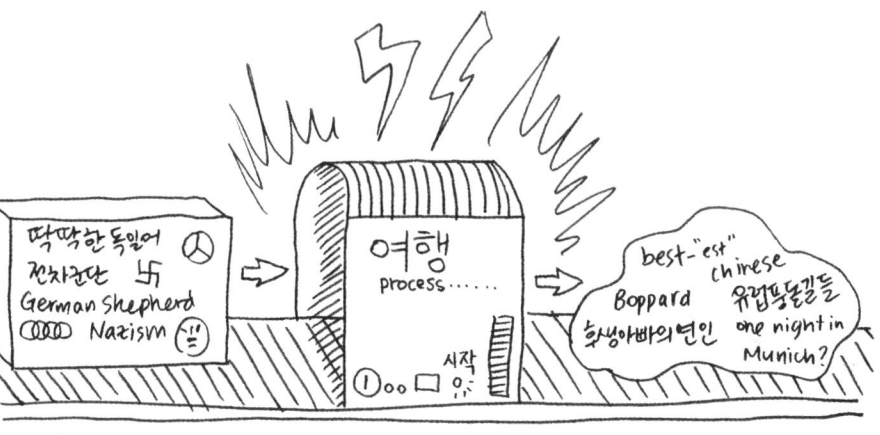

시 나타났다. 정말로 동화스럽고 행복한 마을이었다. 역시 다시 한 번 원래 독일의 인상과는 많이 달랐다.

  독일에 대한 칭찬은 이제 자제하고 마지막으로 독일에서 보낸 밤에 일어났던 재미있는 에피소드 하나를 소개할까 한다.

  독일 다음 우리의 행선지는 오스트리아였다. 드라이브도 하고 유럽 국경을 차로 넘어보는 경험도 하기 위해 우리는 비행기를 타지 않고 렌터카를 이용해 국경을 넘었다. 운전을 하는 시간과 체력 보충의 필요성을 고려해 우리는 오스트리아로 가기 전날 밤, 독일에서의 마지막 밤을 뮌헨에서 보내게 되었다. 외국만 나가면 한식 혹은 중식을 찾게 되는 엄마 덕에 우리는 그 날 저녁도 역시 중식을 먹었다. 아마 밤 11시쯤 끝낸 늦은 저녁을 먹은 그날이었다. 다음날 도착하게 될 오스트리아에 대한 기대로 부푼 우리는 시끌시끌한 중식당에서 2시간이 넘도록 천천히 저녁을 먹었다. 그리고 다시 택시를 잡아서 호텔로 돌아오는 길이었다. 택시를 타자 인도 음악이 흘러나오고 있었다. 그러나 택시 운전사는 인도 사람이 아니었다. 관심을 가진 아빠는 운전사에게 혹시 동양음악을 좋아하냐고, 동양에 관심이 있냐고 물어보았다. 그러자 자신은 8개월 택시 운전을 해서 번 돈으로 3개월 동안 동남아 여행을 하고 온다고 했다. 그러자 아빠는 "당신이 전생에 동양인이었나보다"라는 재치 있는 농담을 던졌다. 대화 도중 우리가 어쩌다가 뮌헨에 오게 되었는지 얘기가 나왔고, 하룻밤만 묵고 간다는 말을 들은 기사는 "방콕에서의 하룻밤 One night in Bangkok은 괜찮아. 하지만 뮌헨에서의 하룻밤? 장난해?!"라고 했다. 기억에 남을 센스 있는 말이었다. (참고로 〈One Night in Bangkok〉은 가수 뮈레이 헤드가 부른 1984년에 출시한 곡 이름이다.) 이렇게 재미있는 대화를 나누다보니 어느덧 호텔 앞에 도착했다. 택시기사는 우리가 내리는데 아빠에게 말했다. "잘 가라. 인연이 있으면 후생에 우리 다시 만날지 모른다. 내가 네 여자친구로……" 그러자 여기에 지지 않는 아빠는 문을 닫기 직전에 한마디를 던졌다. "or vice versa!(혹은 그 반대로)."

미국 여행

항상 좋은 이미지만 가질 수는 없지

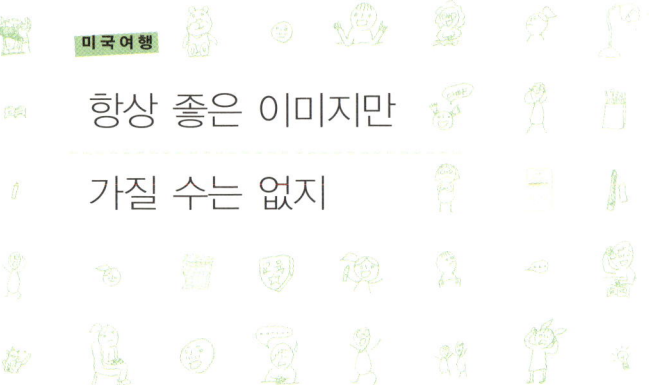

독일이라는 나라가 나에게 여행을 통해 좋은 인상을 남겨주었다면, 최고의 장소라고 믿었던 곳이 나에게 큰 실망감을 안겨준 경우도 있다. (지금 미국에서 학교를 다니고 있다는 사실을 다시 한 번 밝힌다.) 바로 미국이다. 미국에 대한 실망감을 안겨줄 정도면 '여행'의 힘은 실로 대단한 것이다. 왜냐하면 나의 머릿속에서 절대 변하지 않을 것만 같던 이론이 있었다. "미국이 최고. 미국이면 무조건 옳다." 이 결함이 있는 이론의 시작은 이러했다.

1996년, 아빠는 회사에서 보내주는 유학 프로그램에 뽑히게 되었다. 노스웨스턴대학교와 뉴욕대학교 중에서 명백하게 노스웨스턴대학교의 광고학과가 뛰어났지만 아빠는 좀더 현대적이고 펑키한 테이스트의 뉴욕 생활과 그곳에서의 문화를 경험해보고 싶어 뉴욕대학교 행을 결정했다. (우리 가족의 또 다른 가설 중 하나는 노스웨스턴대학교가 위치한 시카고의 날씨가 아빠 마음에 들지 않았다는 것이다.) 그리하여 우리 가족은 1996년에 뉴욕에 상륙했다. 그리고 나는 여섯 살 때부터 여덟 살 때까지 2년 동안 유치원과 초등학교 1학년을 스테이튼 아일랜드 뉴욕 P.S 54에서 다니게 됐다. 이윽고 아빠의 대학원 수강이 끝나자 1998년에 한국으로 돌아오게 되었고, 너무 갑작스럽게 지구 반대편에 위치한 초등학교로 옮겨 바로 적응해 다니기에 나는 아직 어렸다. 나에게 학교는 도봉구 도봉동 누원초등학교가 아니라 여전히 스테이튼 아일랜드 뉴욕 P.S 54였는데 주위에서는 계속 나를 헷갈리게 하고 괴롭혔다.

엄마 아빠의 말로는 미국 초등학교에 간 첫날, 크게 걱정을 했다고 한다. 미국에서 내가 유치원을 잘 다닐지 너무 걱정이 됐다는 것이다. 나를 학교에 바래다주고 올 때 나는 울었다고 한다. 하지만 첫날 수업이 끝난 후 집으로 온 나의 얼굴에는 웃음꽃이 피어 있었다고 했다. 하루 만에 아주 쉽게 적응을 한 것이다.

하지만 한국은 달랐다. 첫날뿐만이 아니라 거의 한 학기 동안 나는 울면서 적응을 하지 못했다. 친구가 울고 있는 나를 달래주려고 나의 하늘색 곰돌이 가위(어떤 가위였는지 자세하게 기억이 난다)가 예쁘다고 칭찬을 해주었다. 나는 무시하고 계속 울었다. 나는 엄마 옆에 딱 붙어서 눈이 뻘겋게 부을 때까지 울면서 엄마를 가지 못하게 붙잡고 늘어졌다. "엄마, 나 여기 싫어. 집 갈래. 나 미국 갈래. P.S. 54 갈래." 적응을 하지 못하던 나는 한동안 담임선생님 옆자리에 앉아 지냈다. 아마 누원초등학교 1학년 3반에서 나는 이상한 아이였을 것이 분명하다. 만날 울면서 말은 하지 않고 선생님 옆에만 붙어있던 애.

 사람이 처음으로 가족의 보호 범위에서 벗어나 사회적인 경험을 하는 것은 유치원이나 초등학교를 입학할 때이다. 그런데 나는 이 과정을 여섯 살 때 '미국'에서 시작해 거쳤으니 아이러니하게도 '한국'에서 다시 적응하는 것이 어려울 수밖에 없었던 것이다. 이렇게 나에게 컬처 쇼크는 미국이 아닌 한국에서 왔다. 가장 기억에 남는 충격은 초등학교 1학년 생활을 간신히 적응해 나가고 있을 때 일어났다. 학교에서 담임선생님이 숙제 검사를 하고 있었다. 돌아다니시면서 검사를 하시던 선생님은 비어 있는 공책을 보실 때마다 숙제를 하지 않은 학생들의 등짝을 짝! 소리가 나게 손으로 격파하셨다. 말 그대로 격파. 나의 머릿속에서는 이 생각이 반복되고 있었다. '선생님이 학생을 때렸다. 선생님이 학생을 때렸다. 선생님이 학생을 때렸다!' 알다시피 미국에서는 학생을 건드리는 것조차도 금지되어 있었다. 나는 학생들의 등을 격파하는 선생님의 모습을 보고 할 말을 잃었다.

 또 다른 컬처 쇼크는 미국 초등학교 생활과 한국 초등학교 생활에서 본 남학생들의 태도였다. P.S 54, 혹은 동네 남자아이들은 나에게 절대적으로 복종했다. 소꿉놀이를 할 때에도 내가 잔소리를 하거나 삐쳐서 등을 돌리고 앉으면 항상 "Okay, okay! You're right……"

라며 매너를 지켜주었다. 실수로 버릇이 없는 행동, 예를 들어 식탁 위에서 장난을 치거나 여자아이의 물건을 빼앗거나 괴롭히게 되면, 미국 부모님들은 정색을 하며 아이의 얼굴을 보고 말한다. "That was not nice. Apologize.(그러면 안 돼, 어서 사과하렴)" 미국에서는 흔히 볼 수 있는 모습이다. 그러나 우리나라는 달랐다. 식당에서 식탁에 발을 올려놓거나 산만하게 돌아다니는 남자아이들에게 눈치를 주게 되면 부모님들은 아이들을 그대로 두면서 말한다. "아이고······ 남자아이들이 이렇죠 뭐!"

결과적으로 내 머릿속에서는 한국에서 경험하게 된 안 좋은 기억들이 미국에서의 좋았던 기억들과 관계지어질 수밖에 없었다. 그 때문에 미국은 내가 원하는 세상의 전부였고 미국과 관련된 것이라면 왠지 모르게 한층 우수해 보였고 편하고 친숙하게 느껴졌다. 내가 아는 '외국'이라는 것의 형상은 미국에서 멈추어져 있었다. 이 꽉 막혀 있던 나의 편견은 중학교 1학년 때 유럽 여행을 간 이후 깨졌다.

여행을 통해서 비로소 나는 미국이 내가 항상 꿈꾸던 만큼 아름답고 행복하고 옳지만은 않다는 것을 깨달았다. (조금 극대화하자면) '외국=미국'에 대한 나의 새로운 영토를 개척해나가게

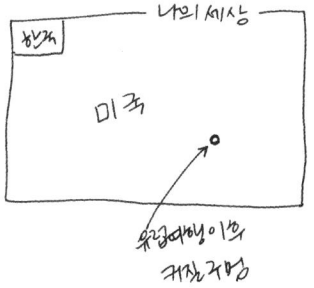

3부 생활은 여행처럼, 여행은 생활처럼

되었다. 여행을 통해 나는 주관적으로 해석하고 있던 '미국'을 객관화해가기 시작했다. 그리고 하나씩, 둘씩, 미국의 결함과 한계를 볼 수 있게 되었다. 매우 다른 미국과 유럽의 모습을 내 나름대로 비교해 보자면 이러하다.

미국

코네티컷 도로에 위치한 식당에서 촌스러운 황토색을 띤 나무의자에 앉아 터질 것 같은 배를 벨트로 받쳐주며 땀 냄새가 나는 아저씨가 뒤뚱거리며 지나가는 것을 본다. 밖에서는 차의 소음이 들린다. 식당 유리창은 닦지 않은 지 4년 정도 되어 보인다. 주문 3분 후 무식하게 큰, 두껍고 무겁고 이가 나간 하얀 머그컵에 핫초코를 넘치도록 담은

후 휘핑크림을 흐를 정도로 올린 음료를 '쾅' 하고 내려놓는다.

유럽

칸의 길가 카페의 감각 있게 살짝 빛이 바라고 먼지가 낀 반투명한 의자에 앉아서 자전거를 타거나 걸어다니는 사람들을 여유 있게 바라본다. 나이로 셀 수 없이 주름진 두 손을 꼭 붙잡고 새하얀 머리의 할머니 할아버지가 지나가는 사이, 카페 안에서는 로라 피지의 재즈음악이 들린다. 주문을 한 뒤 20분 정도가 지나면 냉장고에 넣어두어 하얗게 차가워진 레몬 반 조각이 꽂힌 유리잔에 페리에를 2/3쯤 따라준다. 영수증을 테이블 위에 놓고 바람에 날아가지 말라고 그 위에 작은 대리석 조약돌을 올려준다.

유럽 사람들은 혹시 미국 땅은 자신들이 원래 태어난 곳이 아니기 때문에 자신들이 가지고 있는 모든 좋은 면들을 전파시키지 않으려고 최선을 다했던 게 아닐까?

앞의 예들로 미국은 열등하고 유럽은 우등하다는 것은 아니다. 물론 미국은 다들 알고 있듯이 실용적이고 효율적인 나라로, 그런 면에서는 뛰어나다. 엘엘빈 L.L Bean 가방은 매우 실용적이다. 양말을 신고 샌들을 신는 것, 역시 편안하다. 하지만 실용성을 추구하다보니 유럽의 감각이나 격조가 없어졌다는 것 또한 사실이다. 그래서 전반적으로 '미국'의 인상은 폼이 나거나 교양 있어 보이기보다는 그 반대인 경우가 많다. 이렇게 다른 태도로 유럽과 미국을 볼 수 있도록 도와준 안경이 바로 여행이었다.

미국과 유럽의 또 하나 찾아보기 쉬운 큰 차이점을 말해주는 것은 '밥'이다. 여기서 '밥'이란 먹는 밥 자체가 아닌 밥을 먹는 방법, 혹은 식사시간을 말하는 것이다. 밥을 먹는 방법을 기준으로 세상에는 두 종류의 사람들이 있다. '먹기 위해' 일을 하는 사람들, 그리고 '일하기 위해' 먹는 사람들. 물론 석기시대 사람들은 후자에 더 가까웠을 것이다. 생존을 위한 수단 중 하나였을 테니. 하지만 요즘 사람들의 생활의 우선순위는 더 다양하게 분포되어 있다. 여행을 하다가 내가 발견한 재미있는 사실이 있다. 프랑스 사람들은 먹기 위해 일을 하고 미국 사람들은 일하기 위해 먹는다. (미국 사람들보다 심한 사람들은 한국 사람들이다. 우리나라 사람들의 급박함을 쫓아가지는 못한다. 미국 사람들이 식당에서 주문을 하는 한국 사람들을 보고 놀라는 이유가 이것 아닐까?)

필요에 의해 먹는 습관을 가장 극적으로 보여주는 것이 패스트푸드 문화다. 미국에서는 맥도날드, 피자헛, KFC, 버거킹, 등 많은 패스트푸드 레스토랑을 어디서나 쉽게 찾아 볼 수 있다. 시간을 최대한으로 줄이고 효율성을 높이기 위해 음식 자체는 든든하고 (다른 말로는 '살찌고') 후딱 테이크아웃을 하기에 쉬운 식습관이 발달하게 되었다. '드라이브스루(Drive thru, 차를 탄 채로 이용할 수 있는 식당)' 문화가 발달되는 이유 역시 여기 있다.

반면에 유럽의 몇 군데를 살펴보자. 스페인 같은 나라는 저녁 6시에 식당을 가면 음식을 서빙하지 않는다고 들었다. 어떤 식당들은 아예 문을 열지조차 않는다. 오후 5시에 가끔 음식을 먹는 사람들을 볼 수 있는데 그 사람들은 점심식사를 하는 중이라는 사실을 잊지 말아야 한다. 저녁은 8시부터 새벽 1시까지 서빙된다.

우리 가족이 유럽여행을 다니며 배우게 된 매우 중요한 교훈이 하나 있다. 바로 느긋하게. 레스토랑에 들어가 앉는다는 것. 자, 한번 보자.

15분 후	웨이트리스가 천천히 다가와 활짝 웃으며 인사를 한 후 어떤 음료로 시작하겠냐고 묻고 대답을 받은 후 간다.
15분 후	웃으며 다가와 주문한 음료와 따뜻한 빵을 주고 메뉴

	판을 주고 다시 간다.
10분 후	에피타이저와 메인요리 주문을 받으러 온다.
20분 후	주문한 에피타이저를 가져다주고 다시 간다.
20분 후	에피타이저를 맛있게 먹었는지 확인을 한 후 접시를 가져간다.
15분 후	메인 요리를 가지고 온다.
20분 후	비어 있는 메인 요리 접시를 가져간다.
5분 후	디저트 메뉴를 가져다줄지를 묻고 간다.
5분 후	디저트 메뉴를 주고 간다.
3분 후	디저트 주문을 받는다.
10분 후	디저트를 가져온다.
5분 후	빈 접시를 가져간다.

계산서를 달라고 부르면 10분 후에 온다.

신용카드를 주면 다시 10분 후 영수증을 갖다준다.

드디어 긴 여정이 끝나고 우리는 2시간이 지나서야 식당을 나설 수 있게 된다. 그러면 이 단계 사이사이에 존재하는 5분, 10분, 15분, 20분 동안은 눈만 멀뚱멀뚱 뜬 채 가만히 앉아 있나? 아니다. 먹는 속도도 느려지게 되고 사람들과 이런 저런 대화도 자연스럽게 하게 된다. 여기에 대조되는 흔히 볼 수 있는 한국 식당의 모습을 보자. 식당을 입장하며, 앉기도 전에, '아줌마! 설렁탕 두 그릇이요' 주문을 한다. 앉으면 바로 아줌마는 준비가 되어 있던 김치와 반찬그릇들, 수저, 물통, 그리고 물컵을 가져다주신다. 10분을 못 기다리는 사람들은 '아줌마! 여기 빨리요!'라며 재촉한다. 10분 후 뚝배기에 설렁탕이 나오면 사람들은 바로 밥을 말아 재빨리 먹고 나가는 길에 계산을 한다. 뜨거운 국물을 먹을 때 상대방과 하는 대화는 없다. 총 소요 시간, 25분. 껄껄껄.

나의 적극적인 제안으로 간 칸 광고제와 파리

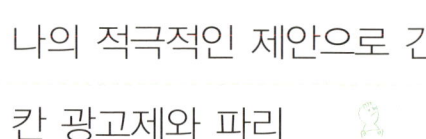

2008년 여름, 처음으로 칸 국제광고제를 다녀왔다. 내가 칸 국제 광고제를 가게 되기까지의 과정은 이러했다.

어느새 6월이 다가왔고 나의 9학년 한 해의 끝이 다가왔다. 주위의 친구들은 미국 서머스쿨 수업들을 듣거나 한국에서 열심히 공부할 계획을 세우느라 바빠 보였다. 그 당시 나는 별다른 계획이 없는 상태였다. 아빠는 내가 방학만큼은 한국에 들어와 가족과 함께 지내는 것을 중요하게 여겨서 나는 서머스쿨 수강은 생각조차 하고 있지 않았다. '아…… 이 긴 석 달 간의 방학을 뭘 하며 지내지?' 이런 생각을 하던 나에게 어느 날 갑자기 번뜩이는 아이디어가 떠올랐다. 아빠는 2000년부터 매년 6월 셋째주에 칸에서 열리는 국제광고제를 다녀왔다. 칸 국제광고제는 전 세계의 광고 작품들, 광고물들을 제작한 광고인들이 모여 경쟁을 하는 재미있는 광고제다. 아빠는 매년 이 광고제에 갔다 오면 광고상 후보 작품들이 담긴 비디오를 가져오곤 했다. 칸 광고제는 칸 영화제 직후에 열리는데 얘기를 들어봐서는 꽤나 화려하고 거대한 광고제 같았다. 이런 저런 페스티벌도 열리고 유명한 광고인들이 세미나 혹은 스피치를 하기 위해 오기도 한다. 수상작 발표, 찬란한 불꽃놀이, 그리고 밤새 진행되는 갖가지의 갈라들로 6월의 셋째주가 꽉 들어찬다.

아빠가 칸을 가는 것은 나에게는 늘 부러움의 대상이었다. 짐 가방을 서재에 열어두고 짐을 챙기는 것부터 부러웠다. "아, 나도 짐 싸고

싶다. 호텔가서 자고, 좋겠다. 비행기도 타고 말이지." 그러면 아빠는 항상 한숨을 쉬며 호텔 가는 것이 자기는 전혀 기대가 되지 않는다며 웃었다. 나는 왜인지 모르지만 어렸을 때부터 호텔에 대한 환상이 있었다. 호텔을 가면 뭔가 집을 떠나 여행을 온 느낌이 들면서, 새로운 공간에서 가방을 풀고 생활한다는 사실이 언제나 기대되고 신이 났다. (물론 미국으로 학교를 다니기 시작하면서는 1년에 최소한 6번 짐을 꾸리고 있기 때문에 이제 짐 싸는 일이라면 신물이 나지만, 여전히 다른 나라로 여행 가는 것은 나를 들뜨게 만든다.)

어쨌든 나는 아빠가 매년 6월, 칸에 간다는 사실을 깨달은 후 여름방학이 언제 시작하는지 달력을 보고 날짜를 확인했다. 다음날 나는 아빠와 통화를 하던 도중 재미있는 제안을 하나 했다. "아빠, 이번에 나 칸에 한번 쫓아가보면 안 돼?" 미술에서부터 영화, 사진, 영상 등에 관심이 많은 나는 이 경험이 나에게 어떻게든 도움이 될 것 같았다. 미래에 아티스트가 되건, 영화감독이 되건, 프로듀서가 되건, 큐레이터가 되건 상관없이 전 세계의 관심을 모으는 유명하고 영향력 있는 광고제라면 나에게 도움이 될 수 있을 것이라 믿었다. 게다가 다른 친구들은 가져볼 수 없는, 아빠가 광고계 쪽에 있는 덕에 누려볼 수 있는 특별한 경험이라는 것을 알고 있었다. 왜 칸 광고제를 가는 것이 좋은 아이디어인지를 나름대로 설득력 있게 제안한 나를 기특하게 본 아빠와 엄마는 내가 칸에 가는 것을 흔쾌히 승낙했다.

칸 광고제는 6월 셋째주부터 열리지만, 안타깝게도 고등학교 일정이 끝나는 주는 6월 첫째주였다. 결국 나는 한국에서 일주일을 보낸 후 아빠랑 프랑스로 가게 되었다. (일주일을 한국에서 여유롭게 시차 적응을 하며 지내고, 시차 적응이 거의 다 되었을 쯤 다시 프랑스로 날아가야 했다.) 물론 인천공항에서 니스 공항으로 가는 비행기는 없었다. 우리는 인천공항에서 출발해 파리의 샤를 드골 공항에 도착한 후 곧바로 국내선을 타고 니스 공항으로 날아갔다. 니스에 도착하자 밤 8시가 되었고 나는 아빠가 그토록 말하던 비행기를 갈아타는 것이 얼마나 힘들고 피곤한지 뼈저리게 느꼈다. 그날 밤 둘은 짐만 풀고 곧바로 곯아떨어졌다. 다음날, 정신을 차리고 아침을 먹은 후 우리는 칸에서 보내게 될 바쁜 일주일의 일정을 정리했다. 첫 이틀 동안은 본격적인 페스티벌이 시작하기 전에 지하에 전시되어 있던 인쇄 광고물들을 보았다. 지그재그로 쭉 세워져 있는 각각의 하드보드에, 정해진 2차원의 공간에, 기발한 이미지와 글자 몇 개로 사람을 설득시키고, 웃게 해주고, 깨달음을 주는 것이 정말 재미있었다.

 아빠와 오전 내내 걸어다니며 인쇄물들을 보다가, 나가서 점심을 먹고, 또다시 들어와 오후 내내 끝없이 나열된 인쇄물들을 보았다. 시상을 하기 전에 전시해놓은 광고물들이었기 때문에 아빠랑 걸어 다니면서 서로 수상할 것 같은 작품들을 예측해 비교해보곤 했다. 셋째 날부터는 아빠가 매년 칸에서 만나는 광고계의 친구들, 회사 사람들, 그리고 연설을 하러 온 유명인사들을 만났다. 커다란 건물 안에 있는 강당에서는 각 층별로 세미나가 진행되고 있었고 스케줄 표를 들고 돌아다니며 아빠와 관심 있는 스피치를 들었다. TBWA의 회장 장 마리의 스피치를 듣기 전에 아빠는 그와 나의 사진을 찍어준다고 해서 어색한 포즈를 취하기도 했다.

장 마리의 스피치 외에 또 하나의 흥미로운 스피치를 준 인물이 있었다. 바로 루퍼트 머독. 안타깝게도 기대한 만큼 스피치는 재미있지 않았다. 졸렸다. 유명한 사람이 들려줄 스피치를 기대하고 들어갔지만, 이게 웬걸. 스피치는커녕 지루하기 짝이 없는 인터뷰만 이어졌다. 말을 매우 부드럽고 천천히 하는 루퍼트 머독과 인터뷰어는 최대한 빠른 시간 내에 강당에서 세미나를 듣는 사람들을 재우기 위해 노력을 하는 듯했다. (목소리는 최소한으로 줄이고 매우 부드럽고 감미로운 목소리로 인터뷰를 했다. 루퍼트 머독은 한 술 더 떠 매우 차분하고 낮은 톤의 목소리로 대답을 조용조용히 했다.) 이들의 승리는 인정한다. 30분 후 강당의 모든 사람들은 영락없이 졸고 있었다. 나도 참다 참다 못해 꾸벅꾸벅 졸다가 내 오른쪽 편에 앉은 사람의 어깨에 머리가 부딪혀서 깼다. 미안하다고 사과를 하려고 오른쪽을 보았는데 그 사람 역시 아주 열심히 앞뒤, 좌우로 인사를 하고 있었다. (왠지 모르게 내가 혼자가 아니라는 사실을 인식한 후 안심된 나는 다시 고개를 숙이고 수면 모드로 들어갔다.)

세미나 다음 며칠은 내가 예상했듯이 가장 재미있었다. 나는 광고 영상 보는 것을 좋아했는데, 이틀 정도는 연속적으로 쉬지 않고 2008년 칸 광고제에 출품된 광고를 죽치고 앉아 시청했다. 강당마다 몇 백 개의 광고들을 연속적으로 보여주었다. 각 강당은 일정한 개수의 광고들을 계속 상영해주었다. 예를 들어 A관은 #1~400을, B관은 #400~800을 보여준다. 광고를 보다가 쉬고 싶으면 몇 번 광고까지 봤는지 기억을 해둔 다음 스케줄 표를 보고 조금 전 보다만 광고를 상영해주는 강당을 찾아가면 된다. 정말 말 그대로 아침에 눈 뜨고 일어나 아침을 먹은 후에는 저녁 먹을 때까지 아빠랑 강당에 앉아 광고만 봤다.

한 주의 끝은 광고 시상식이 마무리해주었다. 우리는 시상식이 열리는 강당을 가는 길에 칸의 레드 카펫을 밟아볼 수도 있었다. 상을 탄 광고들의 대부분은 아빠와 내가 재미있고 좋게 본 광고였지만 한두 개 정도의 수상작을 보고 우리는 고개를 갸우뚱하기도 했다. 그날 밤 칸의 해변은 말 그대로 광란의 도가니였다. 그 긴 해변을 온갖 찬란하고 반짝거리는 파티들이 빈틈없이 메우고 있었다. 한껏 옷을 차려입은 사람들이 도보를 활보했다. 좁은 찻길은 어두운 밤을 더욱더 빛내주는 스포츠카들이 느릿느릿 지나갔다. 아빠와 나는 '절호의 기회다!'라며 이 매우 특별하고 자주 볼 수 없는 풍경을 즐겼다. 우리는 호텔 방에 올라가 편안한 옷으로 갈아입은 후 (드레스나 턱시도를 입고 파티를 왔다갔다하는 사람들과는 달리) 1층 야외 데이블에 앉아 칵테일 올리브와 맥주를 마시며 불꽃놀이와 사람 구경(칸에서 할 수 있는 가장 재미있는 활동이다. 사람들이 어찌나 다양하고 독특한지 가만히 앉아 사람 구경만 해도 시간이 정말 빨리 간다)을 하며 칸에서의 로맨틱한 마지막 밤을 마무리했다.

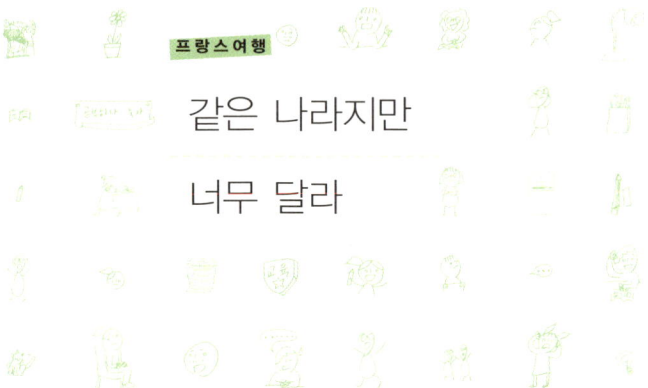

프랑스여행

같은 나라지만 너무 달라

칸, 현란한 동화책 속의 마을

그때까지 프랑스에 있는 도시라고는 파리밖에 가보지 못한 나에게 칸은 (긍정적인 의미의) 충격적인 인상을 심어주었다. 무엇보다도 아빠가 손에 쥐어주던 『이방인』과 이와 관련된 실존철학의 정신이 도시 전체에서 그대로 보인다는 사실이 놀라웠다. 다른 말로, 나는 여행을 통해 책으로 읽고 조심히 수긍만 하던 생각을 몸소 받아들이고 이해할 수 있었다. 알베르 카뮈의 인용구 하나하나에 비로소 고개를 끄덕거릴 수 있었다. 카뮈가 한 말 중 내가 가장 좋아하는 문구 중 하나는 다음 문장이다.

"인생은 건축해야 할 대상이 아니라 연소시켜야 할 대상이다."

내가 이 말을 이해할 수 있도록 해준 칸의 특징을 하나의 문장으로 표현하자면 이러하다.

"행복하다."

사실 칸뿐만이 아닌 남프랑스를 한 단어로 표현하면 '행복'이다. 물론 카뮈가 말하는 '행복의 부조리'는 이 '행복' 때문에 또 '불행'하다는 사실이지만. 눈앞에 보이고 한창 즐기고 있는 행복을 두고 죽어야 한다는 사실은 곧 불행이다. 어쨌든 내 주위의 모든 것들은 행복해 보였다. 눈을 멀게 하는 남프랑스의 햇살에 행복해졌다. 선글라스를 끼고 민소매티와 원피스를 걸치고 걸어다니는 사람들이 하나같이 행복해 보였다. 길 한쪽으로 손을 꼭 붙잡고 지나가는 예쁘게 나이드신 할머니와 할아버지도 행복해 보였다. 카페에 앉아 들이키는 레몬이 담긴 탄산수 한 잔도 행복했다. 눈앞의 칸 해변에서 일광욕을 즐기는 사람들과 바다도 행복해 보였다. 칸은 정말 동화 속에 나오는 환상적인 마을 같았다.

하루는 아빠와 이른 저녁을 먹기 위해 언덕 위쪽의 미로처럼 얽히고 설킨 길들을 찾아다녔다. 골목길 중간 중간을 분위기 있는 식당들과 작은 부티크들이 메우고 있었다. 오른쪽 골목길에서는 예쁜 촛대가 놓인 테이블과 나무의자 들이 저녁시간이 다가옴을 알리고 있었고 왼쪽 골목길에서는 작은 악세사리샵들과 카페들이 나를 부르고 있었다.

다만 한 가지 아쉬운 점이 있었다면, 칸은 아를이나 엑상프로방스에 비해 아무래도 정통적인 남프랑스의 분위기나 지역적인 특색은 덜 가지고 있다는 점이었다. 국제영화제부터 시작해서 광고제까지, 세계적인 페스티벌이 열리다보니 현란한 관광도시 같은 이미지가 있었다. 지역 거주시민들보다는 페스티벌에 관련된 사람들이나 관광객들을 많이 볼 수 있었다.

파리, 도시적인 일상생활

꿈 같았던 칸에서 한 주를 끝낸 후 파리로 갔다. 한국에서 아빠와 계획을 세우던 도중 우리는 프랑스를 간 김에 파리도 들렀다 올지 그냥 칸에서 일만 보고 돌아올지 고민을 했다. 나는 갔다온 지 오래된 파리를 다시 한 번 가보고 싶다고 졸랐다. 결국 우리는 칸에서 보낼 스케줄 후에 파리에서 보낼 계획을 더했다. 오르세 미술관, 샹젤리제의 명품 거리, 개선문, 에펠탑(누구나 파리를 가면 앞에 서서 기념사진을 찍는 것은 사실이지만)도 가볼 겸 3일 정도를 파리에서 지낸 후 다시 한국으로 돌아가기로 결정했다. 칸에서 일정을 마치고 우리는 다시 비행기를 타고 니스 공항에서 샤를 드골 공항으로 향했다. 파리에 도착한 후 우리는 호텔 프런트에 오르세 미술관, 퐁피두 센터, 그리고 샹젤리제 거리의 위치를 확인했다. 칸에 비해 파리는 '현실적'이었다. 나에게 칸이 동화 속 풍경이었다면 파리는 흔히 보이는 창문 밖의 생활이었다. 평상시에 내가 잘 알고 있는 서울이 칸에 살짝 섞인 정도였다. (다시 한 번 느낀 것이지만 어느 나라이던 그 나라의 수도는 비슷한 특징을 가지고 있는 것 같았다. 런던, 파리, 베른…… 물론 각 나라의 특징의 차이는 있지만 기본적인 모습이나 분위기는 언뜻 보면 비슷하다.) 예를 들어 아마 서울은 단양의 한 시골보다는 도쿄와 더 비슷할 것이다.

파리 시내 지도에 갈 곳들을 빨간펜으로 동그라미 친 후 우리는 방으로 올라와서 계획을 세우고 있었다. 하지만 말처럼 쉬운 일정이 될 것 같지가 않았다. 우선 우리가 가려던 장소들은 각각 걷기에는 먼 거리에 분산되어 위치했다. 게다가 6월 넷째주였기 때문에 밖을 나갈 때마다 후덥지근한 여름공기와 햇볕이 우리를 공격해왔다. 그렇다고 택시를 타고 돌아다니기에는 너무 로맨틱하지 않고 돈도 아까웠다.

잘 모르는 도시에서 지하철을 타는 것도 불안하게 느껴졌다. (특히 아빠랑 있으면서 새로운 교통수단을 이용하는 것은 더 불안했다.) 한참을 고민한 후 나는 기발한 생각 하나를 떠올렸다. 걸어다니면 천천히 보게 되는 풍경도 볼 겸, 더운 날씨에 땀도 식힐 겸, 교통비 돈도 아낄 겸, 길을 잃을 위험도 감수할 겸 자전거를 타고 돌아다니는 것은 어떨지 제안했다. 아빠가 이 완벽한 해결책을 마다할 리가 없었다.

곧바로 근처 자전거 대여소의 위치를 알아내 두 대를 하루 동안 빌려 파리 시내를 실컷 돌아다녔다. 지도를 펼쳐놓고 우리가 돌아다닐 길을 펜으로 그려서 가려고 했던 곳들을 힘들이지 않고 재미있게 갈 수 있었다. 지도에 보이는 장소들을 바로바로 지나다니고 찾아볼 수 있었기 때문에 길을 잃지 않을 뿐만 아니라 더위에 조금씩 나려던 땀방울들까지 자전거 바람이 싹 씻어주었다. 에펠탑 앞에서 바닐라 소프트 아이스크림을 먹고(이런 디테일은 항상 잘 기억한다), 샹젤리제의 가장 큰 루이비통 매장을 구경하고(역시 쇼핑에 목숨 거는 사람으로서 매장 구석구석 배치되어 있던 상품들을 잘 기억한다), 퐁피두 광장 앞에서 18년을 살면서 최고로 감동적인 루콜라와 칼라마리를 먹고 시간을 보낸 후 저녁에는 호텔 근처로 돌아와 어느 나라를 가든지 간에 실패할 확률이 없는 중국음식을 먹었다.

프랑스는 매우 잘 알려진 나라이다. 영어가 전 세계 공용어로 사용되지 않았더라면 아마 프랑스어가 세계 공용어가 되었을 확률이 높았을 것이다. (그래서인지 프랑스에 가서 영어를 쓰면 프랑스 사람들이 탐탁지 않은 눈초리를 준다. 자존심이 상하는가보다) 하지만 '아는 프랑스'보다 '여행하며 느끼는 프랑스'가 더 기억에 남았다.

    나는 2008년 이렇게 짧은 프랑스 여행을 다녀오기 전에 같은 나라에 그렇게 대조되는 모습의 도시가 있을 것이라고는 상상조차 하지 못했다. 그리고 실존철학이 어쩌다가 발전된 생각인지 남프랑스에서 물씬 느껴지는 날씨와 모습을 본 후에는 의심조차 하지 않았다. 역시 카뮈의 책 한 권을 읽는 것보다 실제로 남프랑스를 가본 경험이 더 가치가 있었다. 이렇게 여행의 장점을 잘 뽑아내는 우리 가족만의 여행방법과 여행팁이 있다. 지금부터는 우리 가족이 어떠한 상황이 닥치든 여행을 재미있게 하는 방법을 몇 가지 얘기해보겠다. 기대하시라!

우리 가족만의 특별한 여행법

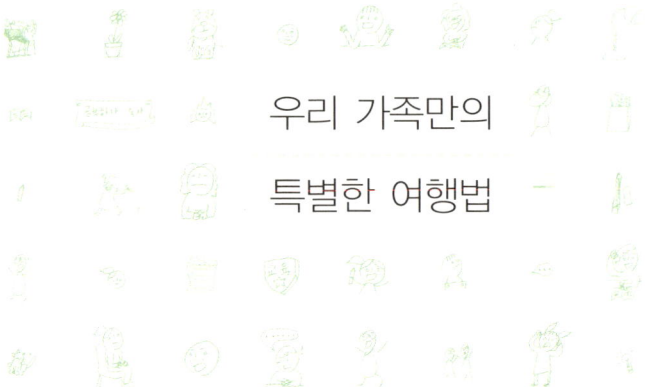

아빠와 나는 나름대로 여행의 가치를 최대한 뽑아내는 방법을 잘 알고 있다. 자, 다시 위에서 얘기하던 파리로 돌아가도록 해보겠다.

우리는 중국음식을 먹고 배가 부른 채 식당을 나와 호텔 앞에 있는 조그마한 강가로 산책을 하기로 했다. 습하지만 왠지 모르게 상쾌한 저녁 바람을 느끼며 듬성듬성 난 풀들 옆을 지나갔다. 길 왼쪽 옆으로는 강 위를 지나가는 유람선이 보였다.

아빠는 잠시 후 말했다. "연아, 아빠도 지키려고 최근에 많이 노력하는데 쉽지는 않은 게 하나 있어. 이걸 실천할 수 있으면 삶이 훨씬 풍요로워지거든?" 궁금한 나는 그것이 무엇이냐고 물어봤다. 아빠는 대답해주었다.

"생활은 여행처럼 여행은 생활처럼. 이것만 지킬 수 있으면 인생이 풍요로워져."

사람들은 보통 일상생활을 할 때에는 항상 보고 접하는 일상이기 때문에 신선한 시선을 가지고 주위를 둘러보지 못하는 경향이 있다. 하지만 계획을 한 후 여행을 갈 경우에 거의 모든 사람들은 여행을 왔다는 인식을 하고 주위의 모든 것을 바쁘고 신기한 눈으로만 열심히 바라보게 된다.

이렇게 되면 양쪽 모두에서 손해를 보는 상황이 생겨버린다. 생활에서는 여행을 한다는 시선을 가지지 못하여 근처에서 쉽게 찾아볼 수 있는 즐거움이나 신비함을 놓치게 된다. 반면 여행에서는 여행을 한다는 시선만을 가지게 되어 그 지역의 일상생활의 특별함을 놓치고 말 그대로 '관광'만 하고 오게 된다. 일상의 아름다움을 볼 수 있도록 도와주는 사자성어가 하나 있다.

視以不見 聽以不聞(시이불견 청이불문)

모순을 좋아하는 사람이라면 즐기며 해석할 문장이다. 물론 한자를 한글로 바로 해석하면 어떠한 의미인지 잘 알 수가 없다. '보기는 하되 보지를 못하고 듣기는 하되 듣지를 못한다'라는 뜻. 하지만 영어 버전으로 다시 해석해보면 조금의 차이를 볼 수 있다.

"Seeing is not Watching, Hearing is not Listening."

  이는 보는 것과 관찰하는 것의 차이, 듣는 것과 경청하는 것의 차이를 말한다. 즉 즐거움은 '새로운 것'에서 오는 것이 아니라 볼 수 있는 눈과 들을 수 있는 귀가 있으면 얻을 수 있는 것이다. '생활은 여행처럼, 여행은 생활처럼'의 교훈을 실천하기 위해 가장 근본적으로 필요한 능력이 바로 이 문구를 실천으로 옮길 수 있는 능력이다.
  어디서나 흔히 볼 수 있는 환경에서 가장 재미있고 새로운 풍경을 발견하는 것, 처음 가보는 생소한 환경에서 평범한 그곳 사람의 시선으로 주위를 관찰하는 것. 예를 들어 파리의 센 강변에 갔을 때는 강 앞에 서서 강이 잘 나오도록 기념사진을 찍고 바로 다음 목적지를 향해 발걸음을 돌리는 것이 아니라 파리에 사는 지극히 평범한 시민처럼 평범한 시선으로 벤치에 앉아 책을 읽으며 세 시간을 보낼 수도 있는 것이다.
  하루에 수도 없이 많이 보는 한강변을 지날 때에는 내일 다시는 보지 못한다는 생각으로 외국에서 하루 동안 서울을 놀러온 관광객의 시선으로 보면 보지 못했던 재미있고 가치 있는 작은 부분들이 마치 현미경을 통해 보이듯 나타난다. 삶은 알맞은 시선을 가지고 있으면 풍요로워지는 것이다. 그래서 여행을 직접 하는 것과 책을 읽는 것은 많이 다른 게 아닌가 싶다.

다음으로는 전형적인 우리 가족의 여행의 모습 (셋이 여행을 다닐 경우)를 살펴보겠다. 내가 앞에서부터 지금까지 계속해서 누누이 강조해왔지만 '엄마'라는 존재는 우리 가족에게 엄청난 영향력을 갖는다. 특히 여행이라는 것은 엄마에게 있어 엄청난 반응속도, 반응량, 그리고 반응결과를 나타낸다. 그래서 우리 집의 영원한 돌쇠, 아빠의 긴장도는 평상시에 레벨 2,3이었다면 여행을 다니게 될 시 17,8로 상승하게 된다. 밤마다 호텔 방에서 잠들기 전, 아빠만의 특유의 '아, 오

늘 하루도 무사히!'를 의미하는 한숨을 내쉬는 것을 들을 수 있다. 다 같이 '박웅현의 안도의 한숨'의 데모 버전을 한 번 따라 해보자.

❶ 우선, 보통 한숨을 쉴 때처럼 숨을 들이쉰다.
❷ 숨을 다시 내쉬면서 살짝 내민 입술을 붙였다 떼었다를 반복하며 '푸푸푸' 소리를 낸다

아빠의 이런 한숨소리를 들으면 엄마와 나는 아빠에게 다가가 오늘 하루도 고생했다는 뜻으로 머리를 토닥여준다. 이렇게 과도한 스트레스는 아빠의 오른쪽/왼쪽에 대한 분별력조차 흐려지게 만든다. 아빠는 운전을 할 때, 특히 되돌릴 수 없어서 길을 잘못 들면 안 될 고속도로에서 운전을 할 때 잔뜩 긴장을 해 마치 수전증에 걸린 환자처럼 가야 하는 방향 쪽의 손을 부들부들 떨며 확인한다. 이러는 아빠를 본 엄마는 말한다. "오빠, 손 저려? 내가 운전 좀 할까?" 평상시에도 언제나 반짝반짝 빛나는 머리에 식은땀까지 나 눈부신 광채를 낸다.

그렇기 때문에 아빠와 내가 아무리 계획 없는, 일상적인 여행을 즐겨도 엄마와 여행을 같이 다닐 시에는 어느 정도의 계획이 필수적으로 요구된다(사실 '어느 정도'가 아닌 철저한 계획이 필요하다. 엄마의 기호에 따른).

여기서 엄마 한 명만 빠진다면 (빠지는 게 좋다거나 빼놓고 싶다는 말이 아니라는 것을 밝혀두고 싶다) 상황은 많이 달라진다. 아빠와의 해외여

행이라고 하면 학교 투어를 할 때라고 할 수 있다. 물론 돌아다닌 목적이 '여행'은 아니었지만 둘이 다니다보면 재미있는 여행이 될 수밖에 없다. 우선 숙박장소가 많이 바뀐다.

아빠와 나는 여인숙 같은 '홀리데이 인'에서 자고 일어나 주유소에서 파는 잉글리시 머핀 샌드위치를 먹고 2달러짜리 길거리 피자만 먹으면서 지내기도 한다. 우리의 엽기적인 '검소생활'을 보면 엄마와 다닐 때와는 판이하게 다른 아빠와 나만의 여행을 볼 수 있다. 아빠와 나의 전형적인 '홀리데이 인' '서브웨이' 생활의 실체는 이렇다.

고등학교를 입학하기 전 겨울, 한참 학교마다 원서를 보낸 후 학교 인터뷰와 투어를 하러 미국에 갔었다. 엄마 없이 아빠와 둘이 돌아다니다보니 우선 경비를 최소한으로 하는 것이 가능해졌다. 결과적으로 아주 재미있는 사건들이 몇 가지 발생했다.

돈을 최대한으로 아끼기 위해 우리는 가장 값싼 호텔들을 잡기 시작했다. 그야말로 미국에서 고속도로를 다닐 때 10분에 한 번꼴로 보이는 시골 촌구석에서 몇 년 간 닦지 않은 반투명한 간판으로 사람들을 친절히 맞이하는 호텔들을 구석구석 찾아 예약을 해놓았다. 그런데 정작 미국에 온 후 호텔에 도착 했을 때 '홀리데이 인'은 우리가 예상 했던 것보다 약간 더 실망스러웠다. 하지만 우리는 웃으며 지냈다. 차를 대고 직접 짐을 다 끄집어내서 둘이 끙끙거리며 엘리베이터 앞으로 갔다. 한 명씩 엘리베이터를 누르고 있으면서 각자 가방을 하나씩 엘리베이터 안으로 밀어넣었다. 문이 닫히고 올라가는데 엘리베이터에서는 이상한 소리가 나며 중간에 갑자기 멈춰서는 듯하더니 다시 움직였다.

아빠와 나는 서로를 한번씩 쳐다보고 눈을 동그랗게 뜨고 웃었다. 시작이구나. 보통 이런 식으로 시작이 되는 호텔 방들은 영화에서 범죄자들이 몰래 숙박하는, 담배 냄새가 배어 있는, 어두운 색으로 도배가 되어 있는 그런 방들이었다. 마치 〈노인들을 위한 나라는 없다〉에 나오는 숙소같이.

이런 적도 있다. 한 호텔에서는 아빠와 내가 프런트에서 룸 체크인을 하고 있었다. 수영을 좋아해서 수영복을 챙겨온 아빠와 나는 호텔에 수영장이 있는지 확인을 했다. 프런트에 있는 아가씨는 손가락으로 뒤쪽을 가리키며 저쪽 뒤에 수영장이 있다고 알려주었다.

다니던 호텔 중에 거의 처음으로 수영장이 있는 호텔이었기에 나는 '잘됐다, 수영이나 좀 해야지' 하며 바로 걸어가서 바깥 유리창을 통해 안을 들여다보고 왔다. 풀의 사이즈도 평균 정도 되었고 전반적으로 나쁘지 않았다.

그런데 자세히 보니 찾아볼 수 없는 것이 하나 있었다. 샤워실이 보이지 않았다. 나는 곧바로 다시 프런트로 통통 뛰어가서 샤워실은 어디 있냐고 물어 보았다. 그러자 아가씨는 눈을 동그랗게 뜨고 없다고 했다. 나는 다시 물었다. 샤워실이 없는 것이냐고. 그러자 아가씨는 다시 대답했다. 없다고. 나는 당황해 물었다.

"그럼, 전 그냥 몸을 수건으로 둘러싸고 방으로 올라가는 건가요?"
그러자 다시 한 번 자랑스럽게 대답하는 아가씨.
"네!"

또 한 군데의 인상 깊은 호텔 경험은 지금 현재 다니고 있는 학교 인터뷰를 왔을 때다. 역시나 우리가 체크인한 호텔은 별 하나짜리에 준하는 호텔이었다. 프런트 데스크의 여자는 자신이 씹고 있는 껌의 색깔을 자세히 보여주려는 듯 입을 짝짝 벌리고 씹으며 우리의 질문에 대답했다.

다음날 아침, 우리는 호텔 아침을 먹으러 레스토랑으로 갔다. 그 넓고 휑한 식당에 앉아 있는 사람이라고는 아빠, 나, 그리고 저 구석

에 혼자 앉아 담배를 피우고 있는 아저씨뿐이었다. 분위기를 더 섬뜩하게 만들고 싶었는지 심지어 불도 제대로 켜져 있지 않아 어두컴컴했다. 잠시 후 호텔 직원이 우리 테이블에 다가와 커피를 리필해주었다. 정말 그 직원의 인상은 강렬했다. 영화 〈터미네이터〉나 〈스파이더맨〉에서 악역을 맡을 만한 그런 인물 같았다. 그 어두운 식당을 그나마 밝혀주는 전등이 하필이면 직원 머리 위에 있었다. 직원의 광대뼈에는 마치 괴기영화에 나오는 연쇄살인마같이 그림자가 드리워져 있었다. 아침을 먹는 내내 아빠랑 힐끗힐끗 커피 따르는 사람을 쳐다보며 덜덜 떨 수밖에 없었다.

또 다른 호텔에서 묵을 때, 우리는 밤에 심심해서 그 동네 당구장을 한 군데 찾아갔다. 당구장 안은 마치 마약소굴과 같은 분위기를 내뿜고 있었고 우리 바로 앞에 나타난 당구를 치던 할아버지 한 분은 왼쪽 눈이 없는 분이셨다. 우리는 침을 삼키며 당구 한판을 때리고 비교적 안전한 호텔방으로 다시 돌아왔다.

끼니는 언제나 간단했다. 11학년 페어런츠 위크엔드 때 아빠가 미국에 왔을 때 우리가 먹은 모든 음식은 길거리 피자거나 지하철, 주유소에서 파는 간식과 과자였다. 혹은 테이크아웃 음식들이었다.

어느 날 밤에는 근처 차이니즈 레스토랑을 찾아가서 음식을 테이크아웃하고 오는 길에 아빠는 리쿼 스토어에서 와인 한 병을 사가지고 들어왔다. 방으로 돌아온 후 알게 된 사실이었지만 방에는 슬프게도 포크가 없었다. 아빠는 호텔 아래층 식당을 내려가서 포크와 숟가락을 빌려오겠다고 했다.

하지만 아빠가 가지고 온 것은 비닐로 싸인 일회용 포크였다. 둘은 방 안에 하나 밖에 없는 작은 책상에 둘러앉아 맛있게 누들과 볶음밥을 먹었다. 하나의 문제가 더 있었다. 아빠는 와인을 살 때에 리쿼 스토어에서 50센트짜리 와인 오프너를 사왔다. 50센트 와인 오프너로 와인을 따는데 뚝. 와인오프너가 바로 부러졌고 나오지 못한 코르크 속에 박혀 우리를 쳐다보고 있었다.

당황한 우리는 결국 호텔 프런트에 전화 해 혹시 와인 오프너가 있냐고 물어보았다. 하지만 프런트에 있는 사람은 당연하다는 듯이 자기들은 와인 오프너 같은 것은 키우지 않는다고 대답했다. 전화를 끊고 우리는 한 5분 간 오프너가 꽂힌 와인 병 입구를 바라보았다. 우선은 나름 과학적인 두뇌로 지렛대의 원리를 이용할 생각을 했다. 방에

서 최대한 얇고 튼튼하고 긴 막대기였던 연필을 찾았다. 그리고는 코르크와 병 사이 틈에 쑤셔넣고 코르크를 뽑아내려고 했다.

하지만 우리의 예상과 달리 뽑히기는커녕 코르크가 가루처럼 부서지기만 했다. 어쩔 수 없었다. 최종 수단을 이용하는 수밖에 없었다. '에라이' 하면서 아빠는 그 연필을 다시 들고 코르크를 온 힘을 다해 병 안으로 눌렀다. '퐁당' 하며 코르크는 와인 속으로 퐁당 빠졌다. 아빠는 플라스틱 양치컵에 와인을 따랐고 둘은 와인이 든 플라스틱 컵으로 건배를 하고 한 모금씩 들이켰다.

한 호텔은 처참하게도 냉장고조차 제공해주지 않았다. 이 사실을 모르고 신나게 음료수와 맥주를 사들고 온 우리는 냉장고가 없단 사실을 확인하고 방에 우두커니 서서 할 말을 잃은 상태였다. 술을 좋아하는 아빠로서 미지근한 맥주를 마시는 것은 용납할 수 없었다.

결국 아빠는 생애 최초로 맥주 '온더락'을 마셔보는 경험을 할 수 있었다. (다행히 아이스 머신이 있었기 때문에 얼음을 넣어서 맥주를 마실 수 있었다.)

이렇게 아빠와의 여행은 색다르게 재미있고 조촐하고 편하고 여유롭다. 고생에서 나오는 진정한 웃음을 즐길 수 있다. 가끔 여행은 내가 '무사히 살아서 숨 쉬고 있고 힘든 여러 장애물을 넘어서 여기 서 있다'는 사실을 증명해주는 체험이기도 하다.

11학년이 끝날 때쯤, 끝이 없어 보이기만 하는 시험들, 성적관리. 나는 엄마아빠와 채팅을 하다가 여름방학이 시작되면 여느 여름같이 강원도에 있는 허브나라에서 1박을 하고 오기로 했다. 즐거운 여행계획을 세우기는 했지만 절대 그날이 다가올 것 같지 않았다. 내 앞에는 산더미같이 쌓인 책들, 수정하다가 만 에세이, 정리하지 않아 발 디딜 틈이 없는 나의 방만 보일 뿐이었다. 계획표에 써놓은 끝없는 시험 일정 리스트를 보면 절대 엄마 아빠와의 여유로운 허브나라 여행계획은 실감나지 않았다.

얼마 전, 나는 무사히 두 발로 서서 엄마 아빠와 허브나라를 놀러갔다 왔다. 몇 년 만에 따끔따끔하고 따뜻한 바닷가 모래를 맨발로 밟으며 엄마와 조개껍데기를 줍기도 했다. 마음을 비운 상태로 간 여행은 행복하기 그지없었다. 아빠는 나에게 말했다.

"너 기억나? 절대로 허브나라를 놀러올 날이 다가올 것 같지 않다고 말했던 거. 즐겨, 지금 이 순간."

나는 엄마 아빠의 나이가 몇이든, 나에게 어떤 친한 친구들이 생기든, 어디를 가든, 가족과의 여행의 가치는 그 무엇과도 비교할 수 없다고 생각한다. 그리고 솔직히 부모님만큼 신경 쓰지 않고 양보하지 않아도 될 여행 동무가 어디 있을까?

나는 항상 친구들과 있을 때 농담 삼아 말한다. 엄마 아빠만큼 돈 마음대로 써주고, 좋은 호텔방 다니게 해주고, 잡일(호텔 체크인, 카 렌트 등 여러가지 예약 서비스) 맡아주고, 큰 문제가 터지면 알아서 해결해주는 여행 동무가 없다고. 그래서 지금도 졸업여행을 가기 위해 아빠와 장황한 계획을 세우는 중이다.

나는 인생을 즐기다 갈 거다. 즐기기 위해, 재미있고 의미 있는 삶을 살고 행복하기 위해 짧은 인생 사는 것이다. 공부도 조금 더 깊고 의미 있는 재미를 느끼기 위해 하는 것이다. 내가 지금 하는 모든 행동과 노력은 미래의 행복을 위해서다.

그럼 왜 지금 모든 걸 때려치고 즐기지 않냐고 물을 것이다. 아니 내가 바보도 아니고 그걸 모를까? 더 오랫동안, 나중에 즐기는 게 짜릿한 건 당연한 것 아닌가? 지금 나는 준비단계를 거치고 있다. 어른이 된 후 사회생활을 최대한 재미있게, 가치 있게, 폭넓게, 그리고 의미 있게 하기 위해서는 지금의 준비운동이 필수적인 것이다. 감각훈

련, 그리고 여행을 통해 더 넓고 확 트인 시선을 갖고 즐길 것이다. 지금은 준비운동 단계일 뿐이다. 나는 나만의 탄탄한 무적함대를 만들어가고 있는 것이다(영국에게도 지지 않을). 천천히, 꾸준히, 열심히.

3부 생활은 여행처럼, 여행은 생활처럼

아빠와의 대화

아빠,
창의적인 사람은
어떤 사람이야?

시간과 돈만 있다면 한없이 여행하면서 살 것 같아. 모든 나라들을 다 가보는 거지. 여행을 생활처럼.

너는 여행을 왜 한다고 생각해?

인생이 풍요로워지잖아. 재미있잖아. 행복하고. 다른 이유 뭐 있겠어?

놀라운 사실이 뭔지 알아? 너처럼 말하는 사람이 매우 드물어. 다들 뭔가를 성취하기 위해 여행을 간다고. 여행을 목적이 아닌 수단으로 봐.

수단이 아니지. 여행을 하는 목적은 행복을 위한 거지 뭐. 풍요로워야 행복하니까. 많이 알면 알수록, 경험하면 경험할수록 즐겁잖아.

🧒 한마디로 느낄 줄 알고 즐길 줄 아는 삶이 행복한 거지. 소름이 돋는 인생이 행복한 거야.

👧 어 그래. 아빠는 소름 돋고 다리 풀리는 사람이라는 거 온 세상이 다 알아.

🧒 그럼 어디 질문 하나 하자. 여행을 할 때 가장 좋았던 순간 다섯 개 골라봐.

👧 음…… 아! 오스트리아 잘츠부르크 세라톤 호텔 기억나지? 도착한 날 오후에 그 호텔 바깥에 있는 식당에서 따가운 햇볕을 받으며 먹은 맛있는 스프링롤! 그 순간이 기억나.

🧒 또?

👧 그리고 체코에서의 시간도 빼먹으면 안 되겠지? 프라하 호텔 도착해서 업그레이드된 방 둘러볼 때, 그 순간. 또 왠지 모르겠지만 갑자기 우리 보스턴 갔을 때도 떠오른다. 기억나? 그때 엄청 추웠을 때. 호텔에서 아침 먹는데 우리가 아침식사 시간 끝날 즈음에 내려가서 내가 좋아하는 잉글리시 머핀이 안 남아 있었잖아. 그래서 내가 일하는 아주머니한테 빵 더 없냐 했더니 웃으면서 창고 어딘가에서 가져다준 일. 그 순간!

🧒 어째 먹는 걸로 다 기억을 하냐. 두 개만 더 골라봐.

👧 또 우리 스위스 시옹 성 놀러갔을 때. 호수 변두리에 있던 식당에서 그 유럽풍 얇고 큰 피자 먹은 순간! 기억나? 내가 영어로 페퍼

로니 피자 시켰더니 걔네들이 잘못 알아듣고 파프리카 피자 가져다줬잖아. 처음엔 실망하고 화냈는데 먹어보니까 너무 맛있었지. 그리고 마지막으로 기억나는 순간은 좀 오래된 기억이야. 나 일곱 살 때 캐나다 갔을 때.

캐나다에서 언제?

우리 다니다가 차 잠깐 세워놓고 꽃구경 했잖아. 그때 엄마가 귀에 꽃 꽂으라고 건네줄 때 안에 까만 벌레 있었어. 그래서 내가 싫다고 떼를 쓰는데도 엄마가 아무것도 없다고 우겼고. 그래서 그 꽃 귀에 꽂고 차타고 가다가 그 벌레한테 물려서 나 귀 뒷부분에 피터지고 난리 났잖아. 말을 하다보니 전혀 좋았던 순간은 아니네. 어쨌든 기억에는 남아.

지금 봐바. 네 기억에 남는 순간들이 에펠탑 앞에 섰을 때, 융프라우 산 정상에 올랐을 때, 모차르트의 집을 방문했을 때가 아니지? 유명하거나 잘 알려진 장소나 순간들이 아니라 감정적 경험을 한 순간들이잖아. 솔직히 오스트리아에서 그 스프링롤이 뭐가 그리 중요했겠어. 보스턴에서 잉글리시 머핀이 뭐가 중요해. 하지만 네 머릿속에 남아 있는 기억은 그런 것들이야. 그게 여행을 생활처럼 한 결과 남는 행복한 추억들이고. 그래, 네가 실제로 경험을 해본 다음 아빠가 이런 말을 하니까 확실히 설득력이 생긴다. 아빠가 그렇게 강조하던 '여행은 생활처럼, 생활은 여행처럼'이란 교훈을 몸소 깨닫게 된 거지!

4부

무한한 낙관주의가 행복의 지름길

아빠가 알려준 인생의 세 가지 법칙

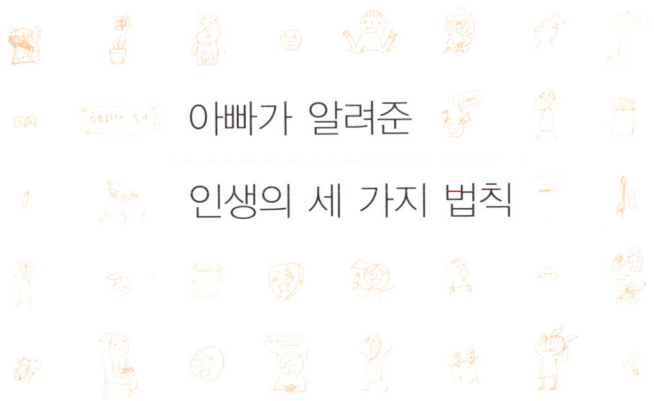

아빠는 나에게 인생의 법칙 세 가지를 알려주셨다.

❶ 절대 거짓말 하지 마라, 정면돌파해라

나는 태어난 후 15년 동안 아빠에게 딱 한 번 혼난 적이 있다. 유일하게 아빠가 '화'라는 걸 내며 나를 때리며 눈물이 멈추지 않을 정도로 울게 만든 적이 있는데 이 유일무이한 경험은 내가 네 살 때 일어났다. 다름이 아니고 거짓말이 들통 났다. 물론 무엇에 대한 거짓말이었는지, 왜 혼이 난 것인지는 기억이 나지 않는다. 그러나 명확하게 기억나는 것은 아빠가 가장 중요시하는 것이 '정직함'이라는 사실을 깨달은 것이다. 이후로 나는 거짓말을 하지 않기 위해 노력해야 한다는 걸

깨달았다.

　나는 방금 '거짓말을 하지 않았다'라고 하지 않고 '하지 않기 위해 노력을 했다'라며 교묘히 책임감을 회피했다. 하지만 당연한 것 아닌가? 모든 사람은 '완전하게 불완전'하다. 기계가 아닌 이상 다짐하고 마음 다잡은 대로 다 지켜진다면 그게 어디 사람이 사는 인생일까. 나의 이러한 불완전함 때문에 몇 번이고 아빠와 나, 더 나아가 가족과 나 사이에 고비가 있었다.

　대부분의 경우 내가 넘어야 했던 고비는 중학교를 들어간 뒤 해야 할 공부량이 많아진 후에 다가왔다. 대한민국 중학생들이 피하고 싶은 대표적인 일 중 하나인 숙제 때문에 나는 여러 번 말썽을 피운 적이 있다. 특히 과외 숙제 때문에 집안 전체가 몇 차례나 뒤집어질 뻔했다. 지극히 정상적이고 현실적인 나의 논리로는 납득이 되지 않을 만큼 수학 과외 숙제의 양은 많았다. 선생님의 눈에는 내가 해답지나 계산기로 보였는지 모르겠지만, 나는 안타깝게도 뇌의 10%조차도 사용하지 못하는(아인슈타인은 뇌의 10%를 사용했다고 알려져 있다) 평범한 중학생이었다. 자, 그러면 내가 거짓말을 하게 되는 전형적인 과정을 한번 살펴보자.

　낮에는 최대한 효율적으로 열심히 숙제를 마치려고 노력을 한다. 하지만 24시간은 생각 외로 짧다. 엄마와 늦은 점심으로 베이글과 커피를 먹고 마시면서 쇼핑에 대한 수다를 떨다보면 오전은 내가 무엇을 했는지 기억이 나지 않을 정도로 빨리 지나간다. 저녁이 되면 라면을 먹으며 즐겁게 뉴스나 영화를 본다. 샤워를 하고 설거지하는 엄마랑 고양이 뭉키랑 떠들고 놀다가 책상에 앉으면 어느새 밤 11시. 그리고 여느 때처럼 엄마는 잠자리에 들기 전에 나에게 숙제를 다했냐고 물어보고 그제야 나는 조금 (전혀 건드리지 않은 상태지만) 남았으니 끝내고 잘 수 있다고, 먼저 자라고 '한 번' 거짓말한다.

새벽 1시 30분. 숙제의 양은 1/3 정도 줄어 있고 눈꺼풀은 무거워지고 나의 머리는 꾸벅꾸벅 벽을 향해 인사하기 시작한다. 세수를 하고 커피 잔을 들고 10분 정도 견디다가 책상에 이마를 박기 시작하면 나는 스스로의 한계를 깨닫고 결국 불을 끄고 포근한 이불 속으로 들어가 2분 안에 잠이 든다. 다음날 아침 7시 15분. 엄마 아빠와 행복하게 밥을 먹고 있을 때 엄마가 묻는다. "연아, 어제 숙제 다 하고 잤니?" 이러한 질문으로 공격을 받을 경우 나의 뇌 속에서는 나조차도 알 수 없는 화학작용이 일어나 해서는 안 될 말을 또 하고 만다. "어, 다 했어." '두 번' 거짓말한다.

하지만 내 책상 위에는 다 끝내지 못한 숙제가 덩그러니 놓여 있다. 그리고 나는 불안한 안도감을 느낀다. 수업 중 끝마치지 못한 숙제를 보고 선생님은 말하신다. "연아, 숙제를 다 못 끝냈네?" 나는 "아⋯⋯ 몰랐어요. 숙제였는지." '세 번' 거짓말한다. 그리고 선생님은 집을 나가실 때 엄마에게 슬쩍 이런 말을 던지신다. "연이가 숙제를 '조금' 못 했더라고요." 그제야 나는 당연하게 들통 날 거짓말을 한 것을 후회하고 혼이 난다. 처음부터 그림이 그려지는, 뻔한 시나

리오다. 결과가 어떻게 될지 알면서도, 괜히 잔머리만 굴리는 짓이라는 것을 알면서도, 속이면 속일수록 곤란해질 것이라는 것을 알면서도 나의 뇌는 몇 차례나 이상한 작용을 일으켜 나를 곤란한 처지로 몰고 간다.

이렇게 거짓말을 한 일들이 몇 번 있은 후 아빠는 나에게 한 가지 교훈을 알려주셨다. 바로 정면돌파다.

앞에 있는 벽돌 벽의 틈새로 나가보려고 손가락을 쑤시거나 돌아가려고 잔머리 쓰고 빙빙 돌지 말고 한마디로 그냥 이마로 들이받아 맞서라는 것이다. 힘든 일일수록, 곤란한 상황일수록 돌아가거나 속이지 말고 정면돌파할 것.

방금 전 나의 수학 숙제 시나리오에 이 교훈을 적용시켜보자. 숙제를 다 하지 못했다는 사실을 솔직히 실토하는 그 순간에는 코피 터지게 얻어맞는 한이 있더라도 왜 하지 못했는지 사실대로 말하는 게 옳은 것이다. 심지어 그 이유가 "사실 엄마 나갔을 때 3시간 내내 텔레비전 봤어" "새벽 3시까지 친구랑 문자하느라 졸려서 못했어"가 된다 하더라도 사실대로 실토를 하면 비록 그 순간에는 엄마의 엄청난 잔소리는 들을지라도 두고두고 혼이 나거나 배신감을 안겨주는 일은 생기지 않는다.

거짓말을 했다는 사실로 엄마 아빠를 심하게 화나게 해 같은 지붕 아래에서 정상적으로 생활을 할 수 없게 된 사건도 여러 번 있었다. 한번은, 정확히 무슨 일로 엄마가 그토록 화를 냈는지 기억이 나지 않지만, 집안 분위기가 상당히 살벌했던 적이 있다. 학교를 갔다 오면 엄마한테 인사도 하지 못하고, 차려준 저녁을 "먹어" 한마디에 혼자 앉아 밥그릇과 국그릇만 쳐다보며 먹었다. 주말에 집안 분위기는 어색하고 조용했다. 유일하게 들리는 소리는 화장실 물소리와 텔레비전 소리였다.

그런데 일요일 오전에 말 한마디 하지 않던 아빠가 뜬금없이 내 방으로 와서 물어봤다. "자전거 타러 나가자." 아빠와 말 없이 자전거를 한 20분 정도 탔을까. 근처 동네 아파트 단지 안에 도착한 둘은 배가 고팠던 참이라 아빠의 제안으로 분식집에 갔다. 둘은 아파트 상가 안에 있는 허름한 분식집에 들어가서 떡볶이랑 김밥을 시켰다. 맛있게 먹고서는 옆에 있는 슈퍼에 들려 아이스크림을 하나씩 사들고 상가 앞에 있는 등나무 벤치 아래에 앉았다. 이윽고 아빠가 말을 꺼냈다. 나랑 아빠는 한 시간을 넘게 내가 한 행동에 대한 대화를 했다. 아빠는 전혀 화를 내지 않으며 나에게 내가 한 행동에 대한 나의 생각을 말해보라 했다.

나는 숨김없이 내 '뇌의 화학작용'이 어떤 과정들을 거쳐 그러한 결정을 내리게 했는지 차근차근 말했다. 한 시간 후 나와 아빠의 사이는 원래 상태로 돌아가게 되었고 아빠는 엄마가 화를 풀 수 있게 도와준다고 했다. 그리고 둘은 다시 자전거를 타고 집으로 돌아온 뒤 셋이 거실에서 대화를 했다. 나는 화를 내거나 소리를 지르지 않고 대화로 갈등을 풀어낸 사실이 자랑스럽고 다행스러웠다.

최근에 기숙사 생활을 하며 혼이 날 것을 알면서도 솔직하게 말을 해서 큰일이 일어나는 것을 막은 에피소드가 있다. 학교 교칙 중에 매일 주중 저녁 7시 30분부터 9시 30분까지 일명 스터디 홀 동안, 방문을 열어놓고 조용히 앉아 숙제를 해야 하는 교칙이 있다. 하지만 나는 문을 열어놓는 것을 매우 싫어한다. 하루는 초저녁부터 피곤한 날이 있었다. 그래서 스터디 홀 동안 나는 방문을 꼭꼭 닫고 침대에 누워 두 시간 동안 잠을 잤다. 스터디 홀이 끝난 후 선생님이 내 방에 들르시더니 물으셨다. "연, 스터디 홀 동안 어디 있었지? 도서관에 가 있었니?" 나는 물론 도서관에 있었다, 친구 방에 있었다, 대답할 수 있었지만 솔직하게 말했다. "방문 닫고 잤어요. 피곤해서요." 선생님이 칭찬을 해주지는 않으셨지만 최소한 내가 솔직하게 말했으니 크게 문제를 삼지는 않겠다고 했다.

❷ 지키지 못할 약속은 하지 마라

여러 번 강조했듯이 아빠는 거짓말에 대해서 이토록 엄격했다. 하지만 앞에서 얘기한 것처럼, 모든 인간은 완벽하게 불완전하다. 아빠 역시 인간이다. 아빠 역시 실수를 한다. 인간으로서 어쩔 수 없이 가질 수밖에 없는 이 불완전함이 또 다른 교훈을 상기시켜준다. 바로 지키지 못할 약속은 하지 말라는 것. 아빠는 단 한 번도 나의 성적을 가지고 화를 낸 적이 없었다. 아빠와 나의 유일한 마찰은 '거짓말'이라고 해도 될 정도였다. 나에게 아빠의 말들은 항상 옳았기 때문에 반격을 하지 못하고 잘못을 저지를 때마다 아빠의 정당한 공격을 말 없이 받아야만 했다. 모두 사실이었고 내가 잘못을 한 것이었고 나는 혼이 날 수밖에 없었다. 그런데 어느 날 초등학생인 나에게 역습할 기회가 찾아왔다. 아빠의 불완전한 모습이 드러난 것이다.

아빠는 담배를 20년 동안 피워왔다. 그런데 내가 초등학교 때 건강에 대한 보건 수업을 한 적이 있었는데 주제는 흡연이었다. 나는(특히 그 어리고 순진하고 깨끗한 나이에) '담배'라고 하면 매우 부정적인 이미지를 가지고 있었다. 이미 담배에 대해 충분히 부정적인 인상을 가지고 있었는데 학교에서 보여준 흡연과 그 영향에 대한 동영상이 나에게는 그보다 더 큰 엄청난 충격을 주었다. 직간접적인 흡연의 영향에 대한 영상부터 담배 연기가 몸속으로 들어가는 모습, 폐 등 몸의 기관들이 검은색으로 더러워지고 타들어가는 영상들을 보았다. 나에게 가장 큰 충격을 준 사례는 과도한 흡연으로 후두암에 걸려 목에 구멍을

뚫어 음식을 섭취하는 환자의 영상이었다. 나의 작은 머릿속에서는 재빨리 하나의 등식이 성립되었다.

아빠 + 담배 + 목의 구멍 = !!!

나는 그날 바로 집으로 달려가 아빠에게 담배를 끊으라고 소리치며 아빠 앞에서 울었다. 하지만 아빠는 쉽게 말을 듣지 않았다. 그날 이후로 나의 금연 운동이 시작되었다. 집안의 재떨이는 모두 나의 인형 집들 사이사이에 숨겨두었다. 보이는 담배나 담배갑은 보이는 대로 구겨서 쓰레기통에 버려졌다. 벽 이곳저곳에 금연 표시를 붙여놓고 강력한 데모를 했다. 아빠는 담배를 피우지 않겠다고 '거짓말'을 한 뒤 내 앞에서만 담배를 피우지 않고 내가 없을 때나, 회사에 나가서는 피우고는 했다. (물론 그 당시에는 알지 못했다.) 그리고 아빠와 하나의 약속을 했다. 엄마의 영향인지 아빠의 영향인지(엄마 쪽으로 살짝 기울어지지 않을까 싶다)는 알 수 없지만 나는 어린 나이부터 돈에 대한 관심을 가졌다. 아빠와의 약속을 확실히 하는 동시에 금전적 이득을 보기 위해 돈 내기를 했고 아빠가 담배 피우는 모습이 나의 눈에 띌 경우 만 원의 벌금을 물게 하는 거래를 했다. 아빠와 집에 있을 때 담배를 피우는지 호시탐탐 기회를 노렸지만 만 원의 수익을 거둬들이는 일은 쉽지 않았다.

하지만 내가 그토록 기다리던 아빠의 실수가 드러난 날은 생각보다 금방 다가왔다. 어느 주말 오후, 아파트 단지 내에서 아빠와 자전거를 타며 시간을 보내고 있을 때였다. 녹초가 된 둘은 공원 벤치에 앉아서 쉬었다. 나는 땀도 식힐 겸 시원한 아이스크림이 먹고 싶어서 슈퍼마켓에 뛰어가 아이스크림을 사온다고 하고 500원을 받았다. 그리고 아이스크림을 사 갖고 아빠가 앉아 있는 벤치로 다시 돌아왔다. 그런데 아뿔싸! 나의 예리한 눈은 아빠의 회색 트레이닝 바지에 떨어져 있는 담뱃재를 발견하고 말았다.

"아빠 담배 폈지?"

"아니!"

"그럼 '하' 해봐."

"아니 안 폈다는데 왜 그래?"

아빠는 오히려 나에게 귀찮다는듯 짜증을 냈다. 나는 아빠 옆에 앉아 울기 시작했다. 그리고 이렇게 말했다. "아빤 나 보고 절대 거짓말 하지 말라고 하면서 나한테 왜 거짓말 해?" 이 일로 나는 만 원의 수익보다 더 중요한 승리를 거뒀다. 아빠는 나중에 내가 그때 했던 말이 아빠의 허를 찔렀다고 했다. 그러고는 깊이 뉘우쳤다고 했다. 그 사건 이후로 아빠는 담배를 '끊는다'고 했고 마침 그 무렵 계획 중에 있던 미국 가족 여행을 시작으로 아빠는 완전히 담배를 끊을 수 있게 되었다. (2000년 5월 27일부터 피우지 않기 시작했기 때문에 5월 27일은 그날 이후 우리 집 행사일이 되었다.)

이렇게 (나에게 거짓말을 했던 단 한 번의 사건을 제외한다면) 아빠가 평생 잊지 않고 따르는 교훈이 바로 지키지 못할 약속은 하지 말라는 것이다.

아빠와 같이 살게 되면 한 가지의 놀라운 재능이 생긴다. 4시 1분과 바로 4시의 차이를 볼 수 있는 통찰력이 그것이다. 그리고 남들이 그 1분의 차이를 보지 못할 때 화를 내게 된다. 아빠는 사람들과 만날 때 항상 만나기로 약속한 시간보다 10분 일찍 간다고 생각하고 출발한다. 그리고 상대방이 늦는 것을 매우, 매우, 매우, 매우 싫어한다. (그렇기 때문에 자기 자신은 절대 늦지 않는다.) 1분이라도 늦을 것 같으면 1분 후에 약속을 하는 것이라고, 지키지 못할 약속은 하지 말라고 아빠는 항상 강조한다. 아빠의 이런 말들을 자주 들어 세뇌된 나 역시 친구들에게 매우 정확한 약속시간을 요구하기 시작했다. 등교를 할 때 친구와 아파트 벤치 앞에서 분명히 45분에 만나기로 했는데 자꾸 47분에 나오는 친구한테 너무 짜증이 나 화를 여러 차례 냈었다. 시간 약속을 중요시하면 하는 만큼 스스로 약속을 지키려고 노력을 하게 되어 점점 내가 지킬 수 있는 약속만 하게 되었다. 나는 항상 아빠의 멘트를 따라했다. "○○아, 7시 46분은 7시 45분이 아니지?"

❸ 인생에 공짜는 없다

집 앞에 있는 지하도를 향해 에스컬레이터를 타고 내려가다보면 바로 앞에 보이는 큰 건물 기둥이 있다. 떡 하니 서 있는 이 기둥에는 현영과 이만기가 광고하는 돼지고기 광고지가 붙어 있다. 나는 여기서 현영, 혹은 국내산 돼지고기 이야기를 하려는 게 아니고 이만기 아저씨에 대한 얘기를 잠깐 하고자 한다. 이만기는 나와 전혀 직접적인 관계가 없지만 나를 가끔 자극하는 인물이다. 나의 공부에 대한 열정이나 의욕은 사그라들거나 해이해질 때가 있다. 이럴 때면 아빠는 어김없이 이 단어로 나의 긴장도를 세워준다. '이만기'. 이만기는 우리나라의 씨름 천하장사였다. 아빠가 때때로 나에게 이 아저씨를 상기시켜 주는 이유는, '공부 안 하면 이 천하장사 아저씨에게 맞는다'라고 협박하기 위해서도 아니고, '공부 안 하면 씨름하면서 살아야 한다'라고 겁을 주려는 목적도 아니다. '공부 열심히 해서 천하장사가 되어야지?'라는 건 더더욱 아니다.

아빠의 말에 따르면 이만기 아저씨는 고등학교 때 불안한 시간을 보내야만 했다고 한다. 오전 수업에만 참여하고 나머지 시간은 씨름판에서 보내야 했던 그에게 하루 종일 열심히 공부하는 친구들의 모습은 그의 마음을 초조하게 만들 수밖에 없었다. 자신은 씨름 연습을 할 때 친구들은 수학 문제를 하나 더 풀고 책 한 권을 더 읽는다는 생각이 아저씨를 불안하게 만들었다. 그러면 그럴수록 그는 모래판에서 사람을 뒤집으며 자신의 불안감을 분출하고 떨쳐버렸다. 다시 말해 다른 친구들은 공부를 하고 있을 때 자신은 씨름을 하고 있다는 그 불안감이 그를 천하장사로 만든 것이라고도 할 수 있다.

이 이야기는 아빠가 '인생에 공짜 없다'라는 교훈으로 나를 일깨워 줄 때 자주 사용하는 짧은 실화다. 씨름이든 공부든 뭐든지 열심히 해야만 만족스러운 결과를 얻을 수 있는 것은 당연한 사실이다. 그리고 나 역시 다른 친구들이 종합학원을 다니며 엄마들이 시키는 대로, 하루에 열 시간씩 논술 문제를 외우는 모습을 보며 마음이 많이 흔들렸다. 이런 나나 엄마를 보며 아빠는 항상 본질적인 공부, 책을 읽는 것에 최선을 다하면 되는 거라고 말한다. 남들이 하는 것을 보고 무조건 따라가는 게 아니라 지금 내가 하고 있는 것에 그만큼 최선을 다하면 되는 것이라고도 해석해도 되겠다. 말로는 참 쉬운 것 같다. 하지만 실천하는 것은 어렵다. 그렇기 때문에 우리나라 학생의 90%는 모두 똑같이 학원을 다니는 것 아닐까? 자신이 하는 것이 맞다는 확신만 가지면 해결이 될 문제인데 그게 말처럼 쉬운 일은 아니니까.

우리 집 가훈은 '자신있게'

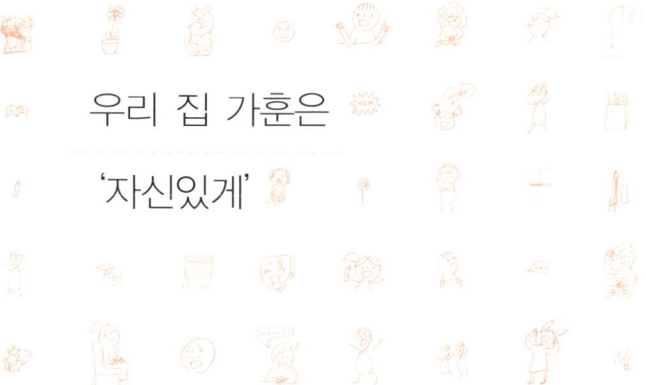

나는 힘들 때, 어떤 결정을 내려야 할지 헷갈릴 때, 삶의 어떤 기준이 필요할 때마다 아빠가 나에게 알려준 세 가지의 교훈을 떠올린다. 이 세 가지의 교훈들과 함께 아빠는 나의 자신감을 키워주기 위해 물심양면으로 투자를 했다. 우선 정확히 아빠가 얘기하는 '자신 있게'가 무얼 뜻하는지 살펴보자.

대한민국에서 자란 여덟 살짜리 초등학생이라면 학교를 입학한 후 받게 되는 생활기록부가 있다. 이 작은 노트를 펼쳤을 때 처음으로 보이는 부분에는 학생 이름, 반, 번호, 교목, 교화를 쓰는 자리가 있다. 그다음으로 보이는 빈칸이 있다. 가훈을 쓰는 자리이다. 친구들이 가훈을 발표하는 것을 듣는 것은 초등학교 1학년 초반, 나의 학교생활의 재미 중 하나였다. 내가 이런 저런 가훈들을 들으며 발견한 하나의 사실은 가훈의 내용이 많이 겹친다는 것이다. '최선을 다하자'부터 시작해서 '성실하게 살자' '가화만사성' '실패는 성공의 어머니' 등등 전형적인 가훈들이 쏟아져나온다. 그에 비해 우리 집 가훈은 비교적 간결하며 희소성을 가지고 있었다. 바로,

사람은 비록 자신이 믿거나 이해하지 못하는 말이라 하더라도 18년 동안 끝없이 옆에서 누군가가 얘기하고 얘기하고 또 얘기하며 되새겨주면 그 말을 믿고 따르게 된다. '자신 있게'라는 말은 나의 귀에 18년 동안 인이 박이도록 맴돌았고 결과적으로 엄마 아빠는 성공적으로 자신 있고 떳떳하고 낙천적이고 (약간 과장하자면) 간이 배 밖으로 나올 정도로 뻔뻔스러운 딸을 창조해낼 수 있었다. 하지만 자신감이

라는 것은 하룻밤만에 얻어지는 것이 아니다. 나에게는 10년이 넘는 엄청난 시간과 노력을 투자해야만 소지할 수 있는 능력이었다. 지금은 믿기 힘들지만, 미국에 살 때의 나를 가장 쉽게 표현하는 행동은 이런 것이었다.

누군가가 이름이 뭐냐고 물어보면, 바닥을 보며, 두 손을 모으고, 어깨를 양쪽으로 설레설레 흔들며 말했다. "Haii…… My… name… is Ye…Yeoo……oonn…." (해석: Hi. My name is Yeon.) 물론 지금의 '나'는 여섯 살 때 '나'와는 정반대이다.

엄마 아빠가 지금의 '나'가 되도록 늘 자신감을 강조한 이유에는 나름의 철학이 있었다. 사람이 살아가며 중요한 것 중 하나가 바로 '행복'이다. 그런데 행복해지기 위해서는 스스로를 존중할 수 있는 능력이 있어야만 한다. 돈, 권력, 명성도 아닌 '자존감'이 보기보다 인생에서 중요한 요소인 것이다.

주식을 잘하는 사람은 돈의 흐름을 예측해 미래의 이득을 위해 투자를 한다. 아빠와 주식투자라는 두 단어는 연관성이 없지만, 아빠는 주식투자하듯 '자신 있게'라는 가훈을 실현시키기 위해 나에게 겁 없이 투자를 했다. 나의 머릿속에 '자신 있게'란 생각을 성공적으로 각인시키기 위해서는 철저한 계획이 필요하다는 사실을 아빠는 진즉에 알았다. 그래서 어렸을 때부터 나에게 최대한 많은 것을 보여주고 들려주고 가르쳐주기 위해 노력을 해왔다. 주눅이 들지 않기 위해서 필요한 것은 다양한 경험이다.

최근에 학교에 나와 비슷하게 자신감으로 넘치는 시인, 킵 풀벡이라는 사람이 찾아와 연설을 하고 책 사인회를 연 적이 있다. (자세한 정보는 킵의 웹사이트 참고하길 바란다. www.seaweedproductions.com) 그를 보고 느낀 점이 하나 있다면 정말 해볼 건 다 해본 사나이구나 였다. 그는 중국계, 영국계, 아일랜드계의 혼혈아로 미국에서 태어났고, 일본의 유명한 타투이스트 호리요시에게 등 전체에 문신을 새기기 위해 일본으로 2주간 여행을 갔었고, 1988년, UCSD 수영 선수로 출전했으며, UCLA 의대에 입학한 후 미술로 전공을 바꾼 그는 시인이자 아티스트이고, 3권의 책을 쓴 저자이자, 9개의 짧은 필름의 제작자이며 자신이 설립한 프로덕션이 있는 45세의 남자이다. 그는 말을 매우 자신 있게, 때로는 조금 기분이 나쁠 정도로 내뱉는 사람이기도 한데 그를 보고 다시 느낀 사실이지만, 자신감 있고 절대 기죽지 않기 위해서는 많이 보고 많이 알고 많이 경험해야 하는 것이다.

다시 내 얘기로 돌아가볼까. 나의 성격 형성의 기초적인 단계를 쌓기 위한 아빠의 투자는 일차적으로 금전적인 것이었다. 가끔은 돈을 아깝게 생각하지 않고 나에게 최대한 많은 것들을 보여주려고 노력했다. 비싸고 좋은 호텔과 식당들을 데리고 다니며 장기 투자를 했다. (최근에는 나날이 늘어가는 주름과 휘어져가는 허리를 보며 노후대비를 해놓지 않은 점을 후회하고 있는 듯하다. 내 앞에서는 인심 쓰며 "다 보고 배우는 거야"라고 말하지만 또 모르는 사실이다. 내가 화장실을 간 사이 냅킨으로 눈가에 고이는 눈물을 훔치며 후덜덜 떨리는 손으로 턱 하니 ○○만 원에 육박하는 금액이 적힌 영수증을 뒤집어보는지도 모른다.)

　아빠의 이러한 아낌없는 투자를 보여주는 아주 적절한 예가 있다. 중학교 3학년 때 아빠는 이런 제안을 했다. "딱 한 번 비용 신경 쓰지 말고 여행을 하자." 물론 엄마는 처음에 반대했다. 그러나 갈등 끝에 아빠는 엄마를 설득시켰고 그렇게 우리 가족은 꿈같은 해외여행을 떠났다. 아빠의 계획대로 나에게 좋은 것들을 보여주기 위한 (더 큰 이유는 우리 집의 예민한 독재자의 비위를 맞추기 위해서였단 사실을 잊지 말자) 이 여행은 시작부터가 남달랐다. 3주간 한국에서 스위스로, 미국에서 다시 한국으로 돌아오는 중에 (스위스, 독일, 오스트리아, 체코를 돈 후 미국에 잠깐 들렀다) 가족 모두 비즈니스 클래스를 이용할 기회가 있었다. 최근에 공간 활용 능력이 심각할 정도로 좋아진 대한항공에서 창조해낸 약 177도로 눕혀지는 의자에 앉아 언제나 해맑은 미소로 다가오는 스튜어디스에게 "네, 스테이크는 미디움으로, 핏기 살짝 있게 주시고 페리에 한 병 갖다주세요. 아, 레몬 잊지 마시고요"라고 여유 있게 말해볼 수 있었던 경험은 특별했다. 디저트로 정성스럽게 잘라진 몇 쪽의 사과와 포도를 치즈와 함께 고급스럽게 (조금 과장해) 씹어먹는다. 나는 라면을 먹었는데, (그때의 나이를 생각하자. 나는 아직 어린 중학생이였다. 스테이크보단 라면이 더 좋았다.) 항공사에서는 '라면' 하나에도 품격이 있고 뭔가 다르다는 사실을 보여주고 싶었는지 특별히 엄선된 콩나물과 북어를 아주 예쁘게 곁들여 도자기 그릇에 서빙해주었다. 두번째 식사로 역시 국수를 좋아하는 나는 비빔국수를 주문했다. 그런데 스튜어디스는 일어나서는 안 될 큰일이라도 일어난 듯이 발을 동동 구르며 나에게 "두 끼 식사 다 국수 드시는데 정말 괜찮으시겠어요? 뭐 다른 메뉴라도 갖다드릴까요?"라며 지속적으로 걱정해주었다. 무엇보다 여행 중 행복의 정점은 체코에서 보낸 며칠이었다.

  우연이었는지 엄마 아빠의 계획이었는지는 모르겠지만 나의 14번째 생일이 이 유럽 여행 일정과 겹치게 되었다. 하필이면 나는 체코 프라하에서 (도시의 이미지나 이름만큼이나 실제로 환상적이고 낭만적인) 생일을 보낼 수 있었다. 행운 역시 내 생일 축하 준비에 한 술 거들었다. 세 명이 묵기 위해 예약했던 스위트룸이 호텔 오버부킹으로 인해 호텔 전체에 하나뿐인 프레지덴셜 룸으로 업그레이드 되는 행복한 사건이 있었다. 이 방은 위치부터가 뭔가 특별했다. 우리는 방 열쇠를 쥐고 엘리베이터를 타고 꼭대기 층으로 올라갔다. 엘리베이터가 열리자 객실들을 따라 복도를 지나갔다. 쭉 걷다가 왼쪽으로 꺾어지자 또 다른 복도로 연결되는 하나의 크고 무거운 문을 열어야 했다. 문을 열자 안에는 다시 널찍한 세 개의 방문들이 보였다. 우리의 방은 그중 가운데에 있는 방이었다. 입구부터가 심상치 않았다. 드디어 방문을 열자 보이는 것은 방에 있는 램프나 침대가 아닌 대리석 '복도'였다. 왼쪽으로는 침실, 오른쪽으로는 거실이 있었다. 프라하의 야경이 보이는 펜트하우스 거실에는 나무 체스판, 와인 바 등 일반적인 호텔 방에 있지 않은 것들이 있었고 침실에는 천장에 닿을 정도로 높은 캐노피 침대가 있었다. 그날 저녁으로는 호텔 1층 발코니에서 열린 바비

큐 파티를 즐겼다. 진짜는 그다음이었다. 생일 저녁을 먹고 방으로 올라와 샤워를 하고 아빠랑 체스를 두고 있었는데 '딩동' 소리가 들렸다. 문을 열자 호텔에서 일하는 사람 대여섯 명이 우르르 14개의 촛불이 켜진 케이크와 꽃다발을 들고 방 안으로 들어왔다. 순식간에 나를 빙 둘러싼 호텔 직원들은 생일 축하 노래를 불러주고 꽃다발과 케이크를 건네주고 나갔다. 저녁을 먹고 올라오는 길에 아빠가 프런트에 요청한 작은 깜짝 선물이었다. 아빠가 참으로 기특했다. 이런 식으로 아빠와 엄마는 내가 특별한 경험을 할 수 있는 일이라면 투자를 아끼지 않았다. 물론 누군가는 이렇게 생각할 수도 있다. "비싼 돈 들여서 굳이 그렇게까지 할 필요가 있나? 그건 너무 사치 아니야?" 하지만 이런 경험이 과연 사치일까? 내가 최근에 들은 바로는 우리나라에서 한 해에 사교육비에 드는 비용만 해도 20조 원에 육박한다고 한다. 한 가구당 최소 1년에 400만 원 정도가 든다고 한다. '공부하다 죽자'고 말하는 감옥 같은 학원에 아이들을 보내는 것이 더 나을까. 아니면 같은 돈을 들여서 아니 학원에 보내는 비용보다 적은 돈을 들여서 아이에게 새로운 체험을 할 수 있는 기회를 열어주는 것이 더 탁월한 선택일까.

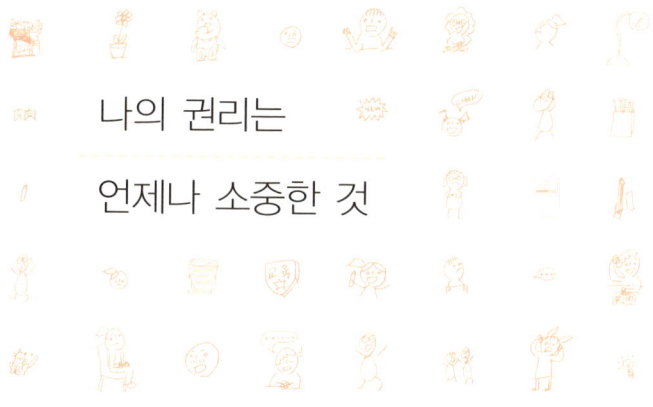

나의 권리는
언제나 소중한 것

아빠는 '나의 권리를 알고 당연한 요구를 하는 것'도 중요하게 생각했다. '권리 요구'에 대한 아빠의 까다로운 취향을 얘기해주는 에피소드가 하나 있다. 앞서 얘기한 유럽 여행 도중 우리는 독일의 로텐부르크라는 작은 성곽도시에서 사흘 정도 머물렀다. 동화책 속에 나올 법한, '오즈의 마법사' 스러운 돌길이 우리를 안내하는, 아주 작지만 작아서 아늑하고 분위기 있는 곳이었다. 도착한지 하루가 지난 후 우리는 저녁을 먹고 산책을 하고 있었는데 빗방울이 조금씩 떨어지더니 곧 소나기로 바뀌었다. 비오는 밤거리를 뛰는 영화 속 연인들처럼 우리는 비를 피해 낭만적으로 호텔 바 안으로 뛰어들어갔다. 밤 풍경을 가르는 빗줄기와 소리를 감상하며 우리는 바 안에서 로맨틱한 음악과 따뜻한 램프 빛 아래에서 비를 피했다는 이기적인 안락함을 즐기고 있었다.

   감수성 예민한 아빠가 이런 분위기를 그냥 넘어갈 리 없었다. 여지없이 자기가 좋아하는 스카치 한 잔을 주문했다. 웨이터는 얼마 후 위스키를 가지고 왔다. 한 모금 마신 아빠는 고개를 갸우뚱하더니 웨이터를 다시 불렀다. 알코올 전문가 아빠는 살짝 미간을 찌푸리며 자신에게 준 음료가 주문한 스카치가 맞느냐, 혹시 버번이 아니냐며 질문했다. 웨이터는 당당한 표정으로 이건 분명 스카치 위스키라며 자신이 병을 가지고 와서 보여주겠다고 했다. 몇 분 후, 미안하면서도 당황한 표정으로 다가온 웨이터는 미안하다고, 아까 그것은 버번이 맞았다고 사과를 하고 스카치를 새 잔에 다시 따라주었다. 아빠는 한 모금을 먹어보더니 흐뭇한 표정으로 고개를 끄덕거리며 스카치에 대한 지조를 지켜주었다. 그래서 나는 정확히 스카치와 버번의 차이를 알 수 있었다. 그 호텔 바에 앉아 위스키 값을 지불한 아빠는 그에 걸맞은 대우를 요구할 권리가 충분히 있었다. 물론 이러한 요구도 많이 알고 많이 경험을 해야지만 할 수 있는 것이다. 물론 스카치와 버번의 차이만큼 미묘한 차이는 아니었지만, 우리가 받았어야 할 대우를 받지 못해 분노한 아빠를 보여주는 또 하나의 에피소드가 있다.

   이번에도 역시, 유럽 여행을 다닐 때 일어난 일이다. 우리가 예약했던 방들은 스위트룸이지만 항상 퀸 혹은 킹 사이즈 침대 한 개밖에 없었다. 좋은 방이면 좋은 방일수록 침대의 개수는 늘어나지 않고 침대의 질만 높아졌다. 이 때문에 나는 운이 좋아 침대가 두 개 있지 않은 이상, '공기밥 추가' 신세를 져야만 했다. 그래서 나는 여행 중 자주 바퀴가 달린 이동식 침대에서 자곤 했다. 호텔 방에 도착해 여기저기 방 안을 탐색하고 있으면 한참 환상에 빠져 있던 나의 신경을 건드리는 바퀴 끌리는 소리가 복도 끝에서부터 들려오기 시작한다.

오스트리아 빈의 호텔에서도 역시 알찬 하루 스케줄을 마친 후 이동식 침대에 누워 피곤한 하루 일과를 정리하고 잠을 청했다. 그런데 그 호텔의 이동식 침대는 다른 곳의 침대에 비해 유난히 심하게 삐그덕거렸다. 이 이동식 침대는 뛰어난 소음효과를 가지고 있었는데 고개를 왼쪽에서 오른쪽으로 한번 돌리기만 해도 '삐이그덕' 거리며 스프링 소리를 요란히 냈다. 나는 오늘도 하루를 무사히 사고 없이 보냈다는 사실을 안도하며 스트레스에 절어 있는 아빠와 피곤에 찌들어 있는 엄마를 방해하거나 깨우지 않고 싶었다. 불을 끈 후 모두가 잠들 시간이 됐을 때, 나는 삐그덕 소리가 나지 않게 하기 위해 최대한 천천히 조심조심 몸을 굼벵이처럼 비틀며 침대에서 불편하게 자리를 잡아야 했다. 도무지 마음을 놓고 움직일 수가 없었다. 한쪽 팔을 움직이면 삐그덕. 어깨를 틀어도 삐그덕. 잠결에도 나의 이런 불편함을 눈치챈 아빠는 급기야 자다가 벌떡 일어났다. 새벽 2시에 방의 불을 다 켜고 반쯤 잠들었던 엄마와 나 역시 깨웠다. 삐그덕거리는 침대 상태에 화가 난 아빠는 호텔 카운터에 전화해 매니저를 불러달라고 요청했다. 물론 카운터에서는 뭐가 문제냐, 무슨 불편한 점이 있냐고 물어 보았지만 아빠는 정색을 하고 "여기 호텔 매니저가 누굽니까. 당장 만나야겠습니다. 호텔방으로 불러주세요"라고 단호하게 말한 후 전화를 끊었다.

   나를 더욱 불쌍해 보이게 하기 위해서였는지 아빠는 나에게 담요를 주며 옆에 있는 소파에 가서 쭈그리고 누워 담요를 덮고 자는 척을 하고 있으라고 했다. 몇 분 후 노크 소리가 들렸고 양복을 차려 입은 수염과 구레나룻으로 덮인 거대한 남자가 방으로 들어왔다. 아빠는 정중히 인사를 한 후 바로 잠옷 바람으로 내가 자던 이동식 침대에 앉아 삐그덕거리도록 들썩 거리면서 영어로 매우 빈정대는 말투로 말했다 "여기가 오성급 호텔입니까, 아니면 놀이공원입니까?" 당황한 매니저의 이마와 구레나룻에서는 땀이 삐질삐질 났고 안절부절못하며 죄송하다면서 즉시 침대를 바꾸어주겠다고 했다. 몇 차례의 무전기 통화와 어색한 침묵이 지난 후 새 침대가 방으로 들어왔고 (나에게는 여전히 바퀴 달린 이동식 침대였다) 매니저는 나가는 길에 우리에게 다시 한 번 미안하다고 사과를 하고 호텔에 숙박하는 동안 미니바를 무료로 이용해도 좋다고 했다. 방문이 다시 닫힌 후 아빠는 곰곰이 생각을 하는 듯 싶더니 버럭 화를 냈다. "참 내, 미니바를 무료로 이용하라고? 주스 몇 병 공짜로 주겠다고? 이 정도면 당연히 방을 바꿔줬어야지." 엄마와 나는 아빠의 화를 가라앉히고 한편으로는 미니바에서 마시고 싶거나 먹고 싶었던 스낵들을 하나씩 꺼내기 시작했다. 그날 밤 아빠가 매니저를 불러 심하게 따진 것은 정당한 행동이었다. 값을 지불고 호텔에 묵는다면, 우리가 호텔로부터 편의사항을 요구할 권리는 충분히 있는 것이다. 다시 빈 호텔 에피소드로 돌아가자면 투덜거리며 잠이든 다음날 아침, 아침식사를 하고 방으로 다시 와보니 서랍 위에 센스 있게 꾸며진 예쁜 과일 바구니가 메모지와 함께 놓여 있었다. 이 '센스'에 아빠는 전날 밤의 분노를 조금 누그러뜨릴 수 있었다. 이 비엔나에서 일어난 놀이공원 에피소드는 최소한 웃으며 끝이 난 경우다.

그러나 내가 중학교 1학년 때 전혀 웃으며 끝이 나지 않는 '권리 요구'와 관련된 사건이 있었다. 중학교 1학년 중간고사 기간 중에 우리 반은 물리 시험을 보고 있었다. 출석 번호 순서대로 앉아 있었다. 나는 두번째 줄, 맨 앞자리에 앉아 시험지를 돌린 후 열심히 문제를 풀

었다. 내 코앞에 있는 교탁 너머로는 독하고 무섭게 생긴 나이드신 여자 선생님이 감독을 보고 있었다. 자칫 실수라도 했다간 제삿날을 치르게 될 것이라는 느낌을 받은 나는 옆, 앞, 뒤 돌아보지 않고 후딱 문제를 풀고 OMR 카드에 표기를 하기 시작하기 위해 펜 뚜껑을 열고 있었다. 그런데 갑자기 인상을 쓴 조각상처럼 감독을 보시던 선생님께서 내 책상 옆쪽으로 다가오셨다. 나는 드리워지는 그림자에 침이 꼴깍 넘어갔는데 선생님은 나를 지나시더니 뒤에 앉아 있던 내 친구의 뺨을 찰싹 때리는 소리가 교실에 울려퍼졌다. 너무나 순식간에 일어난 일이었다. 반 전체의 시선은 내 친구에게 집중이 되었고 친구는 새빨개진 볼을 손으로 감싸며 얼빠진 표정으로 선생님을 바라보고 있었다. 선생님 왈, "미쳤니? 이게 뭐야. 왜 이런 게 책상에 있는 거지?" 아마 친구는 생각 없이 물상시험을 끝내고 다음 시험 과목이였던 사회 공부를 하기 위해 문제집을 펼쳐놓고 공부를 하고 있었던 모양이다. 물론 시험이 끝난 후 그 누구도 시험 중에 일어난 사건에 대한 언급은 하지 않았지만, 반 학생들과 내가 충격을 받은 것은 당연한 사실이었다. 나는 그날 집에 와 아빠한테 학교에서 있었던 충격적인 일을 상세히 말해주었다. 아빠는 내가 상상했던 것보다 더 충격을 받은 듯했다.

아빠는 다음날 바로 학교를 찾아갔다. 그러고는 교무실에 나를 같이 데리고 들어가 선생님과 상담을 했다. 아빠는 도대체 교실에서 이런 불미스러운 일이 일어나도 되는 거냐며 담임선생님은 내 친구를 때린 선생님과 이야기를 해보았냐고 물어보았다. 그러나 담임선생님은 뺨을 때린 것에 전적으로 동의는 하지 않았지만, 친구가 문제집을 펼쳐 보고 있었던 건 사실이고 자신도 그 감독 선생님한테 할 말이 없다고 하실 뿐이었다. 선생님과 대화로는 문제가 해결되지 않을 것 같은 느낌을 받은 아빠는 안 되겠었는지 나와 그 친구를 불러다 앉혔다. 방과 후 셋이 공원 벤치에 앉았다. 아빠는 그 친구에게 말했다. "그 누구도 너의 뺨을 때릴 권리는 없어. 네가 무슨 실수를 하든, 무슨 잘못을 하든, 절대 그렇게 뺨 맞을 이유가 없어. 그건 선생님이 잘못하신 거야. 그건 부당했던 거야. 넌 그걸 알아야 하고 누군가는 그 얘기를 너한테 해줘야 돼. 알았지?"

아빠가 페미니스트인지는 모르겠지만 여자가 맞는 일에 대해서는 특히나 예민하게 반응했다. 친구를 보낸 후, 나에게도 다시 한 번 권리에 대해서 강조했다. 그 누구도 학생의 뺨을 때릴 권리는 없고 앞으로라도 절대 이런 일이 생겨서는 안 된다고 했다. 친구도 맞지 않을 권리가 있지만, 아빠는 그런 일을 보지 않을 권리가 내게는 있다고 했다. 사람들이 하는 행동에는 옳고 그른 것들이 있지만, 이 선생님의 행동은 명백하게 '틀린', 그른 행동이었다. 이러한 아빠의 설교 트레이닝에 익숙해진 나는 이제 정당하게 권리를 요구하는 일에 단련이 되어 있다.

11학년 초반 무렵이었다. 하필이면 내가 어려운 심화 미분적분을 듣는 해에 새로운 수학 선생님이 오셨다. 학생들 모두 준비는 하고 있었지만 새로 온 선생님은 상상 이상으로 무서웠다. 수업시간마다 마치 자신이 원하는 공식을 사용해서 적분식을 풀지 않으면 회초리로 몇 대씩 때리기라도 할 기세로 수업을 진행했다. 학생들 모두 이 선생님 앞에서는 질문에 당당하게 대답조차 하지 못했다. 학기가 시작된 지 2주 후, 정신없이 진도를 나가고 숙제 문제들을 풀고 있었는데 갑자기 목요일 날, 금요일인 내일 적분 퀴즈를 보겠다고 선전포고를 하셨다. 나를 포함한 학생들은 당황했다. 너무나 '옳지 않은' 결정이었다. 우선 전날, 다음날 퀴즈가 있다고 알려주는 것부터가 정당치 않다. 게다가 그 시기에 우리는 수업시간에 배우는 부분이나 숙제를 하며 심하게 헤매고 있는 상태였다. 수업 때는 시간이 모자라 문제를 다 풀지도 못한 채 넘어가고 있었다. 이렇게 저렇게 아무리 생각을 해보아도 이건 아닌 듯했다. 학생들도 다 알고 있는 사실이었지만 감히 싫다고 말을 하지 못했다. 그날 수업이 끝날 때 즈음 나는 선생님한테 정중하게 '건의사항'이 있다고 했다. 다른 말로, 나는 자신 있게 선생님의 학생으로서의 권리를 요구한 셈이다. 나는 논리적으로 따졌다.

"선생님, 제안이 있어요. 저희들은 다음주에 퀴즈를 봐서는 안 될 것 같습니다. 아니, 솔직히 저희는 준비가 안 되어 있어요. 숙제로 내주신 문제도 간신히 했는데 끝내지도 못했고요. 그리고 하루 전날 시험을 보겠다고 알려주시는 것도 너무 갑작스럽습니다. 내일 수업시간에 남아 있는 문제들을 다 풀고 질문을 받고 몰랐던 문제는 주말에 다시 풀어보고 퀴즈 준비를 하면 안 될까요?" 그런데 놀랍게도 선생님은 고개를 끄덕이며 잘 들어보시더니 내 제안을 받아들이셨다. 수업이 끝난 후 대여섯 명이 우르르 달려와 나를 껴안아주었다. "연이야! 사랑해!"

콩가루 가족의 열린 마음

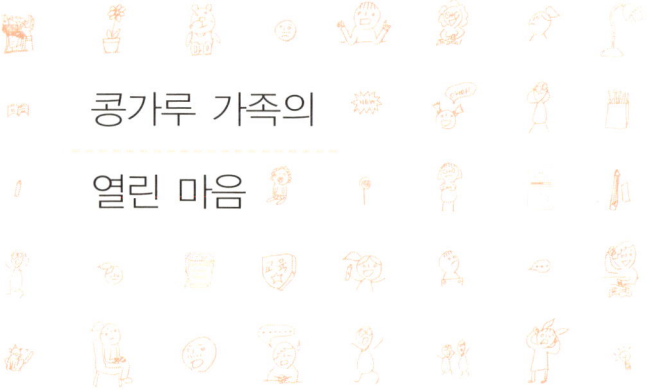

일반적인 사람들이 보면 우리 가족은 정말이지 희한하고 이상해 보이기 쉽다. 우리 집은 자칭, 콩가루 집안이다. 다른 집 부모님들은 절대 권하지 않을 것들을 우리 엄마 아빠는 거침없이 제안한다(특히 아빠가 그러하다).

우리 집의 개방성을 보여주는 첫번째 예는 술이다. 아빠는 오래 전부터 술은 무조건 아빠한테서 먼저 배우고 아빠나 가족 앞에서 제일 먼저 취해보아야 한다고 강조했다. 그래서 나는 중학교 2학년 때부터 엄마 아빠랑 마음 놓고 술을 배우기 시작했다. 주말에는 동네 맥줏집, 와인바, 오뎅집, 이자카야를 휩쓸고 다녔다. 한번은 친할머니께서 집으로 놀러 오셔서 넷이 집에서 고기를 구워먹은 적이 있었다. 그날 아빠는 와인이 당기셨던 모양이다. 아빠는 마시는 김에 취해서 맛이 갈 때까지 마셔보라고 했다. 또 집에서 마시는 술이라서 졸리면 바로 침대로 직행할 수도 있는 상황이어서 아빠 말에 동의하고 나는 와인 한 병을 저녁 먹는 내내 천천히 마셨다. 그러나 물배가 차버린 바람에 더 마시지는 못했다. 이렇게 집에서, 밖에서 편히 술을 마시게 해준 덕분에 나는 '부모님 몰래 친구들과 마시는 술'을 마셔본 적이 한 번도 없다. 술을 마시거나 즐기고 싶으면, 돈 걱정 없이, 통금 시간 걱정 없이 엄마 아빠랑 실컷 언제 어디서든 마시고 싶을 때 마실 수 있다. (알코올 중독 가족으로 보이듯이 나는 지금 쓰고 있지만 사실은 아니다. 착오가 없길 바란다. 우리 집이 개방적이라는 것을 강조하고 싶을 뿐이다.)

콩가루 집안의 면모를 보여주는 또 하나의 에피소드는 문신 사건이다. 나의 목 뒤에는 나의 정체성을 확립하는 데 크게 기여한 꽃 문신이 있다. 시간이 지나면 지날수록 나는 이 문신과 사랑에 빠지고 있다. 문신의 시작은 이러했다. 햇빛 쨍쨍한 어느 날 칸 해변의 야외식당에서 아빠랑 점심을 먹고 있었다. 점심을 다 먹은 후 커피를 마시면서 늘 그러듯 우리는 지나가는 사람들을 구경했다. 지나가는 사람들의 몸에 새겨진 문신을 보다가 나는 문득 아빠에게 물어봤다. "아빠는 문신에 대해 어떻게 생각해?" 그러자 아빠는 답했다. "괜찮은 거 같아. 잘하면, 괜찮아" 둘은 빈 커피 잔을 앞에 두고 한 시간 동안 지나가는 사람들이 한 문신들을 하나하나씩 훑으며 공부했다.

"저건 조금 큰 거 같아."

"저 위치 괜찮네?"

"테두리만 하니까 별로인 거 같다. 그치?"

"저건 너무 튄다."

"저런 문양 분위기 있네."

"저 느낌 괜찮네."

그러고는 한국으로 돌아와서 엄마와 셋이 안방 침대에 둘러 앉아 문신에 대한 진지한 대화를 나누었다. 그날 밤 베드와인 타임의 토론 주제는 나의 문신이었다. 2시간 후 우리는 가족 모두 다 문신을 하기로 결정을 내렸고 무늬에 대한 자세한 대화까지 마쳤다. 다음날 밤과 다다음날 밤, 엄마와 나는 새벽 2시까지 컴퓨터 앞에서 충혈된 눈으로 문신 모양, 종류, 위치 등을 조사했다. 엄마 아빠와 나는 네 가지의 기준을 세웠다.

심하게 튀지도, 또 눈에 띄지 않지는 않게, 한마디로, 살짝, '간질간질' 하게 보이는 장소에 할 것, 채색을 하지 말 것, 너무 크지 않게 할 것, 전형적인 '판박이' 느낌의 무거운 테두리선을 가진 문신은 피할 것, 매우 자연스럽게, 스케치를 한 듯한 느낌으로 할 것.

나는 팔뚝처럼 훤하게 보이지는 않지만 그래도 몸속에 꼭꼭 숨겨놓고 싶지는 않았다. 고민 결과 목 뒤에 하기로 우선 합의를 봤다. 엄마 아빠는 목 뒤 높이와 위치를 결정하는 것을 도와주었다. 그다음 토론의 주제는 무늬였다. 우리는 인터넷의 사진들을 찾아본 결과, 동양적인 느낌의 꽃 문양이 좋겠다는 데에 동의했다. 그럼 어떤 꽃? '장미'

는 조폭 같은 이미지를 만들 수 있다고 셋이 맞장구쳤다. 내 이름이 (한자는 다르지만) '연'이라는 이유로 연꽃도 생각해보았지만, 내가 원하는 자연스럽게 흩어지는 분위기를 살리기가 힘들 것 같았다. 분위기가 있기는 벚꽃이 괜찮겠다 싶었지만 일본의 국화라는 사실 하나가 걸렸다. 그렇다고 애국심을 표현하는 방법으로 무궁화를 그릴 수는 없었다. 내 개성을 위해 하는 문신이지 애국지사로서 나라를 위해 하는 문신이 아니었기 때문에. 결국 우리는 매화와 비슷한 모양의 문신을 하기로 결정을 내렸다. 내가 강조한 바는 자연스럽게 꽃 몇 송이에 꽃잎이 몇 개 흩날려야 한다는 것이었다. 내 문신의 완벽한 도안은 아빠의 도움이 컸다. 아빠 회사의 감각 있는 디자이너 한 분께 문신 도안으로 사용할 꽃 그림을 스케치해달라고 부탁을 했다. 성공적인 도안을 얻은 우리는 아빠가 아는 디자이너 감독이 추천해주신 홍대 앞의 문신 스튜디오를 찾아갔다.

우리가 타투이스트에게 요구하는 점들은 상세했다. 엄마는 색깔이 들어가면 조잡해 보이기 쉽고 금방 질릴 것이 분명하다고 말했다. 그래서 흑백으로 명암만 넣기로 결정했다. 아빠는 진한 테두리를 가지고 있는 문신은 반대하는 편이였다. 나도 최대한 자연스러운 스케치 같도록, 선의 굵기에 차이를 주면서 연필로 그린 듯 한 느낌의 문신이 좋을 것 같다고 생각했다. '완벽하게' 우리가 원하는 바를 상세히 타투이스트에게 전달을 한 뒤 나는 시술실로 들어갔고 엄마 아빠는 저녁을 먹으러 나갔다. 50분간, 고통스럽게 일그러진 시간이 흐른 후 나의 목 뒤에는 평생 남아 있을 아름다운 한 폭의 그림이 담겨져 있었다. 엄마 아빠 모두 생각했던 것보다 자연스럽게 예쁘게 나온 것 같다며 매우 만족스러운 웃음을 지었다. 우리 셋은 모두 흐뭇해하며 집으로 향했다.

문신을 한 여름이 지나고 새로운 학년이 시작될 때, 대부분의 학교 친구들은 진짜 문신을 했다는 사실을 믿지 않았다. 시간이 지나면 지워지는 헤나일 것이라며 의심의 눈초리로 나를 바라보았지만 3주, 한 달이 지나서도 그대로 흩날리고 있는 꽃잎들을 보더니 친구들은 그제야 인정하기 시작했다. 다들 보고서 처음으로 하는 질문이 "부모님들은 너 문신한 것 아셔?"였다. 그럼 나는 언제나 결백한 웃음을 지으며 대답해주었다. "응. 문신하러 부모님과 함께 갔는 걸."

꼭 힘들어야만 봉사활동인가?

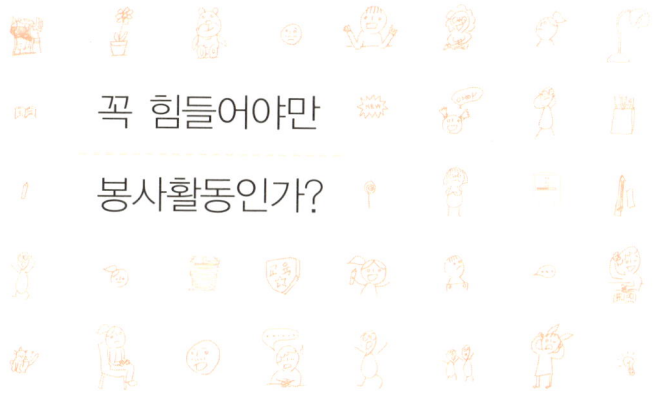

그래. 솔직히 얘기하겠다. 나는 봉사정신이라고는 코딱지만큼도 없는 이기적인 여자애다. 이건 절대 자랑이 아니고 현재는 아빠의 충고를 들어가며 조금씩 남을 배려하고 생각하는 사람이 되려고 노력중이다. 그래도 여전히 나는 친구들이 흔히 하는 봉사활동, 예를 들어 행복에 찬 표정으로 에티오피아 난민 아이들 씻겨주고 먹여주기, 보람에 찬 땀을 흘리며 사랑의 집 짓기 해비타트 운동에 참여하기, 까르르 웃으며 아이들과의 술래잡기 하기 등은 (정말 얼굴에 철판을 깔고 말하지만) 솔직히 못 하겠다.

물론 이런 일들을 해내는 사람들이 대단하다고는 생각한다. 나는 그럴 능력이 없을 뿐이다. 그리고 조금 전 얘기했듯, 나에게는 남을 도와주는 희생정신, 봉사정신이 심하게 부족한 학생이다. 안 됐지만 그건 어쩔 수 없는 현실이고 나는 그 현실을 인정한다. 하지만 11학년 겨울방학 때 배운 점이 하나 있다. 봉사의 땀을 흘리지 않고도 충분히 남에게도 도움이 되는 재미있는 일은 많다는 사실이다. 내가 무슨 얘기를 하는지 자세히 설명하기 전에 우선 내가 지금 얘기하고자 하는 활동의 시발점을 살펴보자.

아마도 2008년이었던 것 같다. 나는 번듯한 전자사전 하나 없어 공항에서 새로 전자사전 하나를 마련했다. 터치스크린, 한/영/중/일어, 숙어, '나만의 단어장', 심지어 그림판까지. 기능은 완벽에 가까운 전자사전이었다. 하지만 하나의 문제가 있었다. 바로 색깔. 전자사전의 앞면 색깔이 형광 주황색이었다. 나의 미적 센스로는 도저히 용서가 되지 않는 촌스러운 색깔이었다. 스티커로 막아보려 했지만 더욱 '아동틱' 해지기만 했다. 방법이 필요했다. 뭔가 쉽게 긁히거나 떨어지지 않고 물에 씻기지도 않는 소재가 필요했다. 순간 머릿속에 번뜩 떠오른 하나의 소재가 있었다. 바로 매니큐어. 나는 매니큐어를 전자사전 표면에 살짝 붓고 휴지로 찍어 바르기 시작했다. 하지만 휴지가 젖어버리면서 금방 매니큐어와 같이 붙기 시작했다. 그래서 나는 망으로 코팅이 되어 있는 솜을 이용해 매니큐어를 찍어 바르기 시작했다. 이렇게 여러 가지 색을 써가면서 적당히 말려가면서 하니까 색깔 혼합도 쉽고 자연스럽게 이루어졌다. 한 차례 코팅이 완성된 후에는 네임펜과 흰색, 연분홍색 매니큐어를 이용해 그림을 그렸다. 자

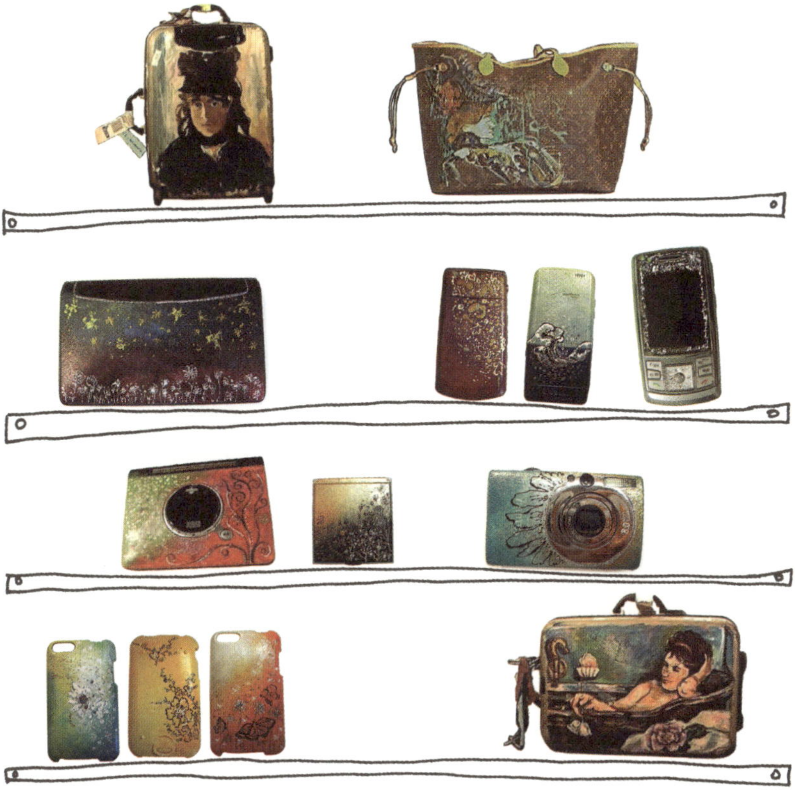

신감이 붙은 나는 노트북 컴퓨터 표면도 시도해보았다. 성공이었다. 나는 이번에는 아크릴 물감을 이용해 내 가방과 내가 빼앗은 엄마의 가방에 그림을 그렸다.

10학년 때부터 내가 들고다니던 매니큐어 그림을 입힌 컴퓨터 노트북은 학교에서 큰 인기였다. 이윽고 친구들은 돈을 주면서 자신의 컴퓨터를 그렇게 꾸며 달라며 칭찬을 해주었다. 겁이 없고 자신감이 붙은 나는 11학년 겨울방학 때 한국에서 나만의 블로그를 만들어 주문을 받기로 했다.

시작은 친하고 부담 없이 학교에 있는 한국 후배 학생들부터 시작했다. 하나하나씩 해나가며 나는 열심히 '광고'를 해달라고 부탁을 했다. 나의 실력은 점점 늘었고 재미 역시 점점 늘었다. 결과적으로 학교 전체에서 인기 있는 상품이 되어 지금은 여러 선생님들, 친구의 친구들의 주문도 받는 중이다. 얼마 전에는 친구의 도움을 받아 내가 매니큐어를 이용해 꾸미는 과정을 녹화해 편집되지 않은 비디오 클립을 아빠한테 보냈다. 몇 주 후, 아빠는 깔끔하게 정리된 1분 40초짜리 클립으로 만들어주었다. 나는 유튜브에 그 동영상을 올려 내년부터는 본격적으로 학교 밖에서도 주문을 받을 예정이다.

지금껏 설명했듯 이 활동은 나에게 큰 재미를 주었다. 유일하게 공부의 스트레스에서 벗어날 수 있는 시간이 매니큐어로 뭔가를 꾸미는 시간이었다. 이 시간동안 나는 아무 생각 없이 다양한 제품들을 꾸미면서 즐긴다. (나는 원래부터 자유 시간을 쇼핑과 꾸미기로 보낸다.) 최근에는 아이팟, 휴대폰을 넘어 전자 계산기, 카메라, 램프, 헤드폰 등 별의별 주문이 다 들어오고 있다.

이 활동이 즐거운 이유 중 하나는 해내는 작품마다 '유니크'하기 때문이다. 주문하는 사람이 원하는 색깔과 원하는 위치를 들은 뒤에 내 느낌대로, 내 마음이 가는 대로 그냥 꾸민다. 보통 초반에는 마음에 들지 않는다. 하지만 그 위에 꾸미고 꾸미고 또 꾸미다 보면 언젠가는 괜찮아진다. 이런 방식이 프로페셔널하게 들리지는 않겠지만 나는 이런 식으로 작업을 하고 실제로 반응이 괜찮기 때문에 계속 그 패턴을 유지하며 진행을 하고 있다. 그래서 '유니키파이'하다고 말할 수 있는 것이다. (물론 내가 전에 했던 특정 무늬를 요청하면 가능한 비슷하게 해주기는 한다.)

여기서 나는 새로운 가치를 찾았다. 나 스스로 재미를 보고 번 돈으로 남들도 도와주면? 실제로 주문을 받을 때 주문 금액으로 기부를 한다는 사실을 적극적으로 알리자 사람들은 더 유니키파이 프로젝트에 참여하고 싶어했다.

실제로 435달러를 모은 후, 나는 지난 5월 어드바이저와 기부를 하기로 한 학교 근처의 작은 유치원과 초등학교를 찾아갔다. 학교는 작았다. 학교에 도착하자 그 학교 교장선생님이 나에게 와 인사를 건네고 정말 고맙다고 인사를 했다. 몇 분 후, 아침 미팅이 열리는 작은 교실로 어드바이저와 들어갔다. 학교에 다니는 작은 꼬맹이들이 바닥에 반원 모양으로 둘러앉아 있었다. 학교 교가를 부르고 몇 가지의 중요한 공지를 준 후, 학교 교장선생님은 오늘 우리 학교에 특별한 손님이 오셨다고 소개를 시작하셨다. 나와 어드바이저는 앞으로 나갔다. 어드바이저는 간략히 자기 소개, 그리고 나에 대한 소개를 해준 후 나에게 눈짓을 주시면서 말을 멈추셨다. 나는 작은 아이들과 학부모들 앞에서 어떻게 매니큐어로 표면을 덮는 사건이 생기게 됐는지, 어떻게 여기까지 왔는지, 그리고 왜 이 학교에 돈을 기부를 하는지 천천히 설명을 했다. 학교 교장선생님은 이어서 내가 만든 유튜브 비디오클립을 보여주시고 나의 작품 사진을 몇 개 보여주셨다. 그리고 나는 435

홍보를 하다가 사람이 오지 않을 때 정리하는 척하고 있는 내 모습

달러가 씌어 있는 증서를 교장선생님한테 건네주고 포옹을 하고 자리로 돌아왔다. 정말 색다른 경험이었다. 돈이 아깝다는 생각보다는 아, 이렇게 다른 일을 해서 다른 경험을 해볼 수도 있구나 뿌듯하고 기분이 나쁘지 않았다. 좋은 일을 하고 나서 느껴지는 뿌듯함을 오랜만에 경험해볼 수 있었다.

그리고 지난 7월 초 한국에 잠시 들어왔을 때, YouthECA라는 청소년 클럽활동 엑스포에 참가할 수 있는 기회도 가지게 됐다. 나는 여기서 매니큐어로 그림을 그린 캐리어, 아이팟, 휴대폰 등 'Uniqueify 프로젝트'에 대해 알릴 물건들을 가져가 홍보하고 판매했다. 물론 우리 집 '돌쇠'와 '루이 14세'의 도움이 컸다. 'Uniqueify 프로젝트'에 대한 반응은 생각보다 좋아서 나는 얼떨결에 또 TED가 주최하는 청소년 프로젝트인 테드엑스TedX의 연사로도 추천을 받아 지금까지 내가 말한 이 내용을 주제로 짧은 강연도 하게 됐다. 그 자리에서 나는 자존감을 갖고, 자신을 상징할 자신만의 컬러 아이템을 찾으라는 메시지를 전달하려고 준비 중이다.

사실 개인적인 필요에 의해 시작한 일이 하나의 메시지를 가진 프로젝트가 되어가며 그 영역이 점점 커지고 있다는 생각이 든다. Uniqueify 프로젝트가 앞으로 어떻게 나아갈 지는 확실히 모르겠다. 하지만 한 가지 깨달은 바가 있다면, 무엇을 하든 본인이 흥미를 느끼고 재미있을 수 있는 일이라면, 그 일이 곧 다른 사람들에게도 좋은 영향을 주고 도움을 줄 수 있는 일이 될 수 있다는 사실이다.

아마도 삶은
순간들의 합이겠지

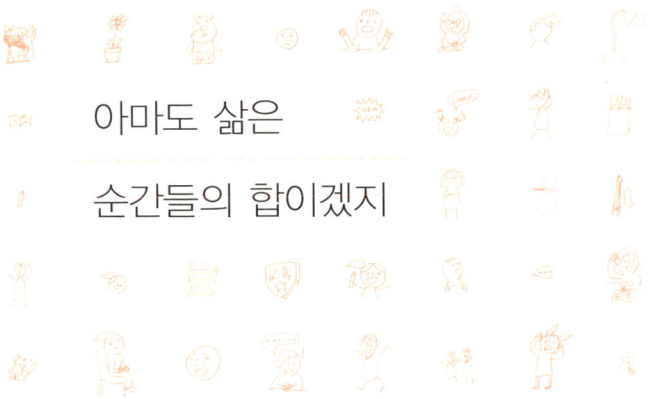

엄마의 뱃속에 수정란이 착상되어 열 달을 꼬박 채우면 아기가 태어난다. 그 아기는 걸음마를 배운다. 유치원을 들어가고 졸업하고 초등학교를 간다. 좋은 중학교를 향해 공부하며 초등학교를 졸업한다. 좋은 고등학교를 향해 중학교를 졸업한다. 좋은 대학교를 향해 공부하며 고등학교를 졸업한다. 대학교를 졸업하고 좋은 직장을 얻기 위해 노력한다. 좋은 직장을 얻고 더 높은 자리를 향해 간다. 또 좋은 위치를 향해 일한다. 더 편한, 안정적인 삶을 위해 노력한다. 또 노력한다. 더 좋은 위치를 향해 노력하고 또 노력하고 그렇게 살아가다가 죽는다. 사람 인생의 목적이 아무것도 없는 하늘 저 높은 곳을 향해 열심히 사다리를 타는 것도 아닌데 사람들은 모두 특정한 목적을 달성하기 위해 노력한다. 우리의 인생은 언제나 과정인 것이고 항상 달리고 있어야 하는 경주인 것이다. 목표를 세워놓고 달성하면 또 다른 목표가 앞에 다시 생기고 또 그것을 향해 달려가다보면 우리는 언제쯤이나 마음 편히 삶을 즐길 수 있을까 참 궁금할 따름이다.

밀란 쿤데라는 『참을 수 없는 존재의 가벼움』에서 이런 인간들의 전형적인 사고방식과 생활이 도대체 무엇인지 질문한다. 이 책에는 카레닌이라는 개가 등장한다. 카레닌은 행복하다.

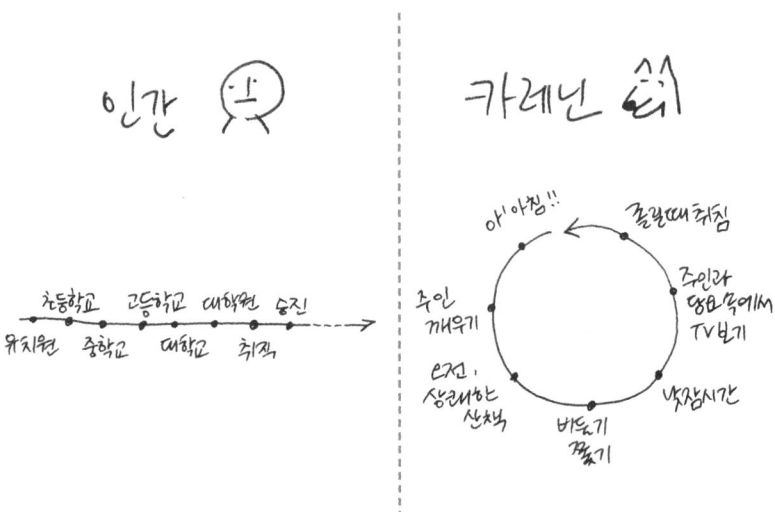

눈을 뜬다. 아! 또 아침! 침대로 올라가 주인을 깨운다. 아침밥을 챙겨주면 맛있게 먹는다. 심심하면 개끈을 물고 주인 앞으로 가 산책을 나가자고 보챈다. 시원한 바람을 쐬며 새를 쫓다가 집으로 들어온다. 하루 중 가장 즐거울 때다. 낮잠을 한숨 자고 주인과 함께 담요 속에서 TV를 시청하다가 졸릴 때 잔다. 눈을 뜬다. 아! 또 아침! 침대로 올라가 주인을 깨운다. 아침밥을 챙겨주면 맛있게 먹는다. 심심하면 개끈을 물고 주인 앞으로 가 산책을 나가자고 보챈다. 시원한 바람을 쐬며 새를 쫓다가 집으로 들어온다. 하루 중 가장 즐거울 때다. 낮잠을 한숨 자고 주인과 함께 담요 속에서 TV를 시청하다가 졸릴 때 잔다. 아! 또 아침! ……

그런데 카레닌은 행복하다. 왜? 생활이 변하지 않아야 즐거움이 있고 행복한 것이다. 카레닌은 반복되는 원형의 삶에서 비로소 행복을 찾는다. 하지만 카레닌과는 반대로 사람들은 뭔가 이루고자 하는 목표점을 계속해서 세워놓고 직선적인 삶을 산다. 하나의 목표점을 달성하고 나면 또 하나의 목표를 세운다. 또 그 목표를 달성하기 위해 앞으로 달린다.

물론 그렇다고 우리가 개들처럼 원형적인 삶을 살아야 한다는 것은 아니다. 다만, 1초의 틈도 없이 앞만 보고 달리는 것이 아니라, 순간의 행복을 느끼며 사는 게 중요하다는 것을 알아야 한다는 것이다. 우리는 뭔가 '하나의 위대한' 업적을 이루어내기 위해 사는 것이 아니다. 즐기면서 사는 게 가장 중요하다. 삶의 궁극적인 목표는 즐기고 행복하게 살기 위한 것이 아닐까. 결국, 목표를 향해 달리기만 하는 것은 궁극적인 목적이 무엇인지 잊은 채 불행하게 사는 것이라는 뜻이다. 중학교 3년 내내 외고를 준비하며 보내는 것도 의미가 없지는 않다. 각자가 추구하는 좋은 고등학교를 가기 위해 준비하는 과정인 것이고 목적을 달성하기 위해 노력을 하는 것인데 안 좋을 것이 뭐가 있겠나. 즐기기만 하면 된다. 앞만 보고 달리지 말고 과정을 즐기며 하나하나의 일에 집중을 하고 가치를 찾는 게 더 재미있게 사는 방법 같다. 우리의 삶은 순간의 합이다. 우리의 인생은 앨범이다. 하나하나, 재미있고 소중한 순간들을 사진처럼 모으는 것이 우리의 삶의 목표다. 수업은 비록 빼먹었지만 엄마 아빠와 유럽에서 보내는 3주의 순간들, 새벽 2시, 학원을 마치고 집으로 걸어 들어오는 길에 엄마와 나눈 배꼽 잡고 웃은 재미있는 이야기 역시 의미 있는 순간이다. 평생 기억에 남는 추억들은 사진처럼 모여져 나만의 특별한 앨범이 되어간다.

어렸을 때 집에서 루이 암스트롱의 노래를 들으며 춤을 추던 순간, 3박 4일 엄마 아빠랑 안동에 놀러 간 순간들, 중학교 2학년 때 디즈니랜드에서 즐거웠던 순간들, 엄마 아빠랑 안방 침대에서 새벽 1시까지 고스톱을 친 순간, 아빠랑 주말 오후에 자전거를 탄 순간, 이 모든 순간들이 중요하다. 외고 논술시험 준비에 도움이 되지 않는 모든 것은 시간낭비라고 말하는 것은 말도 안 되는 생각이다. 사람의 삶은 상장이나 트로피 한 개로 결정지을 수 없다. 다양하고 기억에 남는 순간들 모두 소중하고 가치가 있다. 인생은 순간의 합이다.

앞에서 인용한 알베르 카뮈의 말처럼 "인생은 건축해야 할 대상이 아니라 연소시켜야 할 대상이다." 지금 나에게 주어진 것을 즐겁게 연소시켜야 하는 것이지 죽기 전에 하나의 건축물을 완성시키는 것이 아니다. 하찮기는 하지만 이왕 태어난 거, 재미있게 살려면 그 의미 없는 하나의 '완성품'을 만들어내기 위해 앞만 보고 달리기보다는 재미있는 순간순간을 앨범에 모아 간직하는 게 더 가치 있는 일 아닐까?

내 미래는 알 수 없는 딜레마

음악에서부터 미술까지, 19년이라는 짧은 시간동안 비교적 다양한 경험을 할 수 있었다는 것을 행운이라 생각한다. 가끔 바쁘지 않을 때 나는 지금까지 살아온 나의 짧은 19년을 되돌아보며 생각을 한다. 내가 지금의 '나'로 태어난 것은 수억 수만 수천 수백 수십 가지의 경우의 수 중 하나의 우연일 뿐이다. 그럼에도 불구하고 나는 이렇게 아무렇지도 않게 살고 있고, 이런 책을 쓰고 있고, 나의 교양과 예술의 경험과 지식에 대해 얘기하고 있다. 내 과거에 대해, 가능성에 대해 쓸데 없는 생각을 많이 하는 만큼 나는 최근에 부쩍 내 미래에 대한, 생각도 많이 한다. 특히 고등학교 11학년에 접어들다보니 주변에서 무엇을 전공할 것인지에 대해 많이 질문한다. 나는 항상 이런 질문에 확실한 대답을 하지 못하는 편이다. 그래서 이런 질문을 그다지 좋아하지 않는다. "뭐…… 책 읽는 것도 좋아하고, 그림 그리는 것도 좋아하고…… 역사도 좋아하고, 음악 듣는 것도 좋아하고…… 미술 전공은 할지 모르겠고……."

나의 장점이면서도 단점인 것이 바로 이 점이다. 좋아하고 관심 있어하는 것은 많지만, 한곳으로 집중이 되어 있지 않다. 수학천재는 아니고, 엄청난 글재주를 가지지도 않았으며, 전 세계를 놀라게 할 만큼의 미술 실력 역시 갖추고 있지 않다. 그냥, 골고루 이것저것에 대한 관심과 지식을 가지고 있다.

하지만 다행인 사실은, 아직 내가 나중에 무엇이 될지도 불투명하고, 나의 미래는 여전히 딜레마로 남아 있지만, 내가 가지고 있는 교양과 예술에 대한 지식이 내가 미래에 하고 싶은 일에 도움은 될 것이라는 사실이다. 무엇보다 나는 인생에서 가장 중요하게 생각하고 '이것 하나만 실현된다면 무엇을 하며 살든 상관이 없다!'고 굳게 믿고 있는 나름의 철학이 있다. 행복하게 사는 것이다. 나는 붕어빵을 팔며 살아도 행복하다면 좋다. 또 하나 나에게 장점이 있다면 겁이 없다는 것이다. 엄마는 항상 이렇게 말한다. "너는 뭐가 그렇게 자신만만한지 무서운 게 없구나. 낙천적이고." 아빠도 자주 말한다. "분명한 사실 하나는, 널 불행하게 만드는 건 지극히 힘든 일일거야."

나는 당당한 태도를 갖고 자신감 가지는 것이 보기보다 중요하다고 생각하고 나 스스로에게도 그런 태도가 '편하다'. 여기서 '편하다'

는 표현이 조금 익숙치 않을 수 있다. 하지만 사실이다. 삶에 대해 무서운 게 없고 두려운 게 없으니 불행하지도 않고 걱정거리도 없다. 비록 가끔 엄마한테는 너무 태평하다는 말을 듣기도 하지만 나는 정말 걱정거리가 별로 없다. 아빠의 영향을 받은 것임이 분명하다.

한번은 엄마 아빠랑 저녁을 먹고 집으로 가는 길이었다. 우리 빌라는 언덕에 위치해 있어 서래마을 안쪽으로 들어온 후에 차들이 다니는 가파른 언덕을 올라가야 집으로 갈 수 있다. 엄마 아빠는 이 가파른 길이 위험하다면서 꼭 벽에 바짝 붙어다니라고 주의를 주었다. "애! 앞에서 내려오던 차 브레이크가 갑자기 고장나서 바로 들이받으면 어쩌겠니? 어휴, 생각만 해도 억울하고 끔찍하다. 조심해서 다녀야 돼." 여기에 나는 대답했다. "나쁘지 않은 거 같은데? '아! 박연 잘 살다 간다' 이런 생각이 드는데? 이렇게 집 근처에서 고통스럽지 않게 차에 치여 죽는 거면 나쁘지 않지 뭐. 고생 덜 하다 죽는 거 아니겠어? 인생 더 살아봤자 힘들고 복잡하기만 하지!"

4부 무한한 낙관주의가 행복의 지름길

아빠와의 대화

아빠,
미래는 어떻게
준비해야 해?

어려운 질문 하나. 아빤 내가 앞으로 어떻게 될 것 같아? 내가 뭘 하면서 살아야 할 것 같아? 아빠가 내 인생에 대해 어떤 생각을 하는지 궁금해. 나의 미래는 어째서 이렇게도 불명확한 것일까?

우선 너가 기억해둘 사실 하나는 예전보다 복잡해졌다는 사실이야.

복잡해지다니?

좋게 복잡해졌다고 할까. 사람들을 만나면 내가 그러거든. 연이가 미국을 간 후에 행복한 고민거리가 하나 생겼다고. 미국 가기 전, 넌 미술은 취미로 가지고 있었고, 그저 공부를 열심히 하는 학생이었잖아. 그런데 미국을 간 이후에는 영어, 역사, 미술, 사진, 또 수학과

과학. 모든 과목에 흥미를 붙이게 되면서 오히려 네가 꿈꾸는 장래희망은 불투명해졌잖아? 복잡해진거지. 이제는 너는 단 하나의 과목, 단 하나의 분야, 단 하나의 명확하게 딱 떨어지는 직업을 꿈꾸는 사람이 아니게 된 거야.

아빠 요즘 내 고민거리 중 하나는 내가 나중에 커서 뭘 하고 싶은지 잘 모르는 것 같다는 사실이야. 사람들이 항상 물어봐. '넌 나중에 뭘 하고 싶니?' 그럼 나의 대답은 항상 같아. '모르겠어요.' 나도 그 질문에 대해 또박또박 대답을 해보고 싶을 지경이야.

물론 아빠도 네가 나중에 뭘 할지는 장담할 수 없어. 하지만 요즘 사회나 문화의 흐름을 보면 네 미래가 절망적일 정도로 어둡지는 않아. 요즘은 컨버전스 convergence 의 사회라고들 하지 않니. 융합과 통합의 사회 말이야.

수렴하는 융합, 통합의 사회?

수많은 콘텐츠가 컨버전스하는 시대야. 이게 무서운 거거든. 산업혁명 이후의 산업화 사회 다음에 찾아온 사회가 뭐야? 정보화 사회지? 헨리 포드가 발명한 분업화의 상징물, 컨베이어 벨트는 더 이상 이 사회의 중심에 있지 않잖아. 아빠가 항상 얘기하고 다니지만 정보화 사회는 창의력이 중요시되는 사회야. 무엇을 얼마나 효율적으로 생산해내냐가 아니라 얼마나 새로운, 창의적인, 부수적 가치를 가지고 있는지가 중요해져. 이게 바로 새로운 시대를 이끄는 엔진이야.

갑자기 아빠가 얘기한 '냉장고 포인트'가 생각난다. 예전에 아빠가 그랬잖아. 누가 요즘 냉장고를 '효율성'을 기준으로 구매하냐고. 사이즈, 디자인, 부가기능 등을 업그레이드 하지. 누가 냉장 기능을 업그레이드 하겠어? 그치?

예를 들어보자. 2년 전 칸에서 봤던 광고 출품작들 생각나? 솔직히 그게 전형적인 상품 판매를 위한 광고였을까? 그럼 영화? 뮤직비디오? 다큐멘터리? 요즘은 우리가 잘 알아오던 정형화된 하나의 '광고'가 아닌 창의성과 사회적인 맥락에 대한 이해가 합쳐진 매체? 백남준의 비디오 아트 역시 비슷한 맥락에서 이해가 되겠지? 아빠는 너의 꿈도 비슷하다고 봐.

그렇구나. 나도 단 하나의 직업만 갖고 일을 하지는 않을 것 같아. 한마디로 아직 개념 규정이 되지 않은 미래를 꿈꾸고 있는 거네 나는. 요즘의 트렌드에 맞는 전문가 직업이 아닌 융합과 통합의 과정을 거친 아직은 우리에게 익숙하지 않거나 존재하지 않은 직업을 가질 수 있겠구나.

하나 더 얘기하자면 요즘은 도구Device보다 콘텐츠Content가 위력을 발휘하는 사회야. 칼 벤츠가 처음으로 자동차를 소개할 때 말했어. "이건 말 없는 마차horseless carriage다." '말 없는 마차' 같은 콘텐츠가 힘을 발휘하는 시대가 될 거야.

우와! 재미있는 말이다!

이어령 선생님이 하신 말씀 중, 이런 게 있어. "베스트 원Best one이 아닌 온리 원Only one이 되라." 중요한 건, 현실과 본질에 충실해야 한단 거야. 본질에만 충실하다면 헷갈리거나 겁낼 게 없지 않을까. 너는 지금 본질에 충실하고 있으니 너무 미래에 대해 걱정할 필요는 없다는 거지.

에필로그

얼마 전 일이다. 기분도 전환할 겸 아빠와 아빠 친구분과 함께 펍에 놀러 갔다. 7시 10분경, 그릴 소시지와 내가 가장 사랑하는 칼라마리가 테이블에 놓였다. 그때만 해도 나는 멀쩡했다. 일단 산미구엘 생맥주를 들이킨 후 아빠와 어떤 술을 시킬까 고민하다가 내가 마셔보고 싶어했던 테킬라를 시키기로 했다. 레몬, 소금, 커피가루를 손등에 발라놓고 혀로 핥은 뒤 그 향이 입안에 퍼지면 원샷을 해서 마시는 테킬라를 마시기로 아빠와 약속을 한 일은 이미 오래전 일이었다. 7시 40분. 토닉 워터, 테킬라 한 병, 커피가루, 소금, 레몬이 나왔다. 우리 셋은 첫 잔을 톡 털어넣으며 테킬라를 원샷으로 마셨다. 이후에 아빠와 아빠 친구는 천천히 술을 마셨지만 나는 나 자신을 믿고 계속해서 원샷을 했다. 이윽고 8시. 테킬라 병은 비었고 7잔을 계속 털어넣은 나는 혀가 풀리기 시작했다. 눈치를 챈 두 어른은 슬슬 자리를 정리하기 시작했다. 그리고 10분 후, 아빠는 그만 일어나자 했지만 (이때 이후부터 생긴 일은 나의 뇌가 기억을 하지 않기로 결정했다) 나는 일어나지 못했고 질질 끌려 차 뒷좌석에 눕혀졌다.

집으로 오는 길. 나의 뱃속에서는 알 수 없는 일들이 일어나 술들은 모두 위장 밖으로 게워 올려졌다. 시체처럼 끌려온 나는 현관에 머리를 쿵 박으며 쓰러졌고 엄마는 아빠를 죽도록 팼다. 집에서 내가 상기시키고 싶지 않은 일들이 일어났다고 들었다. 다음날에는 머리가 아파 하루 종일 침대와 소파에 번갈아 가며 누워 있었다.

책을 마무리하는 시점에서 이런 뜬금없는 얘기를 하는 이유는 최근에 일어난 이 사건이 콩가루 집안의 진수를 보여준다고 생각하기 때문이다. 물론 테킬라를 마시고 속이 뒤집혀서 다음날 머리가 아파 움직이지도 못하게 되는 게 바람직하다는 말을 하려는 건 아니다. 아마 나는 그날 술을 마시고 끝장을 보지 않았더라면 아마도 매우 창피하게도 친구들이나 가족이 아닌 다른 사람들 앞에서 같은 실수를 저질렀을 것이다. 내가 아빠와 있을 때 이렇게 마음 놓고 행동하는 이유, 아빠가 내가 저 지경이 될 때까지 내버려 둔 이유, 다음날 엄마의 화가 금방 풀려 셋이 손을 잡고 멀쩡하게 저녁을 먹으러 나갈 수 있는 이유. 이 모든 건 우리 집이 콩가루 집안이기 때문이다. 최대한 경험할 수 있게 개방해주고, 선택할 수 있는 자유를 허락하는 그런 콩가루 집안 말이다.

이 책을 쓰면서 나는 왜 우리 가족이 항상 엽기 행각을 부리며 웃어대는지, 왜 다른 아이들과는 다르게 엄마 아빠랑 노는 게 어색하지 않은지, 왜 아빠만큼 만만한 돌쇠는 없는지, 왜 엄마만 한 찰떡궁합 친구는 없는지 다시 한 번 생각해보게 되었다.

콩가루 집안은 망해가는 타락한 집안이 아니라 모두가 친구로 지내는 집안이다. 이 책을 한마디로 정의한다면 대한민국 모든 가정을 콩가루 집안으로 만들기 위한 필독서라고 할 수 있겠다. 책을 마무리하며 나와 19년 동안 돈독한 우정을 쌓아가며 괴짜 소녀로 키워주고 지지해준 엄마와 아빠에게 새삼스러운 감사의 말을 전한다.

2010년 여름
박연

인문학으로 콩갈다
© 박연 2010

1판 1쇄	2010년 8월 27일
1판 10쇄	2019년 6월 28일

글·그림	박연
펴낸이	김정순
책임편집	한아름
디자인	김진영
마케팅	김보미 임정진

펴낸곳	(주)북하우스 퍼블리셔스
출판등록	1997년 9월 23일 제406-2003-055호

주소	04043 서울시 마포구 양화로 12길 16-9 (서교동 북앤빌딩)
전자우편	editor@bookhouse.co.kr
홈페이지	www.bookhouse.co.kr
전화번호	02-3144-3123
팩스	02-3144-3121

ISBN 978-89-5605-479-7 03810

이 도서의 국립중앙도서관 출판도서목록(CIP)은 e-CIP 홈페이지(http://www.nl.go.kr/cip.php)에서
이용하실 수 있습니다. (CIP제어번호 : CIP2010003014)